Inhaltsverzeichnis

Alles hausgemacht!
Meine Rezepte zum Selberwursten — 56

Das Erfolgsrezept
Einige Vorbemerkungen zum
Naturprodukt Wurst — 58

Mit Leib und Leber
Leberwurst mit Frischekick — 60

Leckeres Stück Lebenskraft
Blutwurst aus Leidenschaft — 76

Vielseitiges Anfängerglück
Grillwurst und andere Leckerbissen — 90

Fettarmer Augenschmaus
Das Geheimnis von Sülze und
Schwartenmagen — 104

Königliches aus dem Wasserbad
Pasteten – mal fein, mal handfest — 116

Genuss auf einen Streich
Meine Brotaufstrich-Spezialitäten — 128

Echte (Haus-)Mannskost
Leckere Gerichte mit Wurst — 142

Ran an die Wurst
Willkommen in meinem «Wurst Wide Web» — 150

Rezeptregister — 152
Register — 154
Impressum — 156

Machen Sie mal wieder Wurst!
Deshalb lohnt sich das Selberwursten

Warum greifen Sie immer noch zur Plastikverpackung? Machen Sie Ihre Wurst doch einfach selber! Frisch, gesund, herzhaft – ein Genuss. Das Gute daran: Die Zubereitung am heimischen Herd ist keine Zauberei. Sie glauben ja nicht, wie schnell auch Sie zum «Wurstaholic» werden.

Hanswurst war gestern. Stellen Sie heute Wurst selber her, gelten Sie als cleverer Genießer. Menschen mit Geschmack sind schließlich überall gern gesehen. Ihre Freunde folgen Ihnen sicher mit Begeisterung in die Wurstküche. Treffen Sie sich um den dampfenden Kessel oder an der Wurstmaschine. Das gemeinsame Mischen, Kneten, Würzen, Garen und Verspeisen der Wurst lässt den geselligen Geist der bäuerlichen Großfamilie sogar in einer 2-Zimmer-Wohnung auferstehen. Um das Gelingen müssen Sie sich keine Sorgen machen. Jeder kann wursten! Folgen Sie nur meinen Tipps und Ratschlägen, dann funktioniert die Herstellung kinderleicht.

Gemeinsam rücken wir der Wurst auf die Pelle: Warum die Knackwurst heißt, wie sie heißt, können Sie hören. Aber warum ist die Weißwurst eigentlich nicht rot? Und steckt in Bierwurst tatsächlich Bier? Ein großer Vorteil des Selberwurstens: Sie, und nur Sie, entscheiden, was in die Wurst kommt.

«Bei mir kommt nur Qualität in die Pelle!»

In Zeiten von Gammelfleisch und Schummelkäse gar kein so schlechtes Argument, finde ich. Wurst selber machen heißt: keine Zusatzstoffe, keine Geschmacksverstärker. Keine faulen Kompromisse! Und den Fettgehalt variieren Sie ganz nach Gusto.

Ja, Wurst «Marke Eigenbau» bedeutet ein echtes Stück Gesundheit. Das wussten schon Ihre Großeltern, und deshalb finden Sie in diesem Buch ausschließlich meine besten Rezepte nach traditioneller Altmeister-Art. Diese Wurst schmeckt so ursprünglich wie früher. Würzig und kräftig dank frischer Zutaten – und garantiert ohne chemische Zusatzstoffe. Das zergeht auf der Zunge! Nicht umsonst höre ich häufig die Bitte meiner Lieben: «Mensch Willi, mach doch mal wieder Wurst!»

Tradition verpflichtet

Folgen Sie den praxisnahen Anweisungen in diesem Buch – und Ihre Freunde werden das Gleiche bald von Ihnen fordern. Sie werden feststellen, dass hausgemachte Fleischwaren viele Anhänger haben. Wenn es um die Wurst geht, können Sie sich ruhig auf mich verlassen. Sowohl mein Großvater als auch mein Vater waren Metzgermeister. Deshalb wusste ich schon früh, worauf es beim Wursten ankommt. Als DLG-Sachverständiger habe ich später gelernt, streng auf Qualität zu achten. Genauso war das in meiner Tätigkeit als Metzger und Koch. Die Leidenschaft für hochwertige Fleischwaren gehört einfach dazu. Und weil es ohne Inspiration nicht geht, lernte ich als Foodhunter internationale Spezialitäten im weltweiten Im- und Export von Feinkost kennen. Dieses Wissen möchte ich an Sie weitergeben. Ich bin mir nämlich sicher, dass Sie – genau wie ich – ein Genussmensch sind. Mit viel Sinn für Qualität. Eben ein echter «Wurstaholic».

Wilhelm Blatzheim

Der Rohstoff Fleisch
Basics für ungetrübten Wurstgenuss

Fleisch ist der Stoff, aus dem die Würste sind. Die Formel versteht jeder: Je wertvoller dieser Rohstoff, desto leckerer und gesünder die Wurst.

Guten Appetit – Danke fleischfalls!
Es gibt viele Gründe für den Fleischverzehr

Warum sollen Sie eigentlich Fleisch essen? Und warum schmeckt es Ihnen so gut? Welche Inhaltsstoffe davon braucht Ihr Organismus – und auf welche kann er verzichten? Da selbst hergestellte Würste zu 95 Prozent aus einem Fleisch-Speck-Gemisch bestehen, lohnt sich ein kleiner Ausflug in das Reich der «Fleischeslust».

Da liegt es vor Ihnen, ein Steak ganz nach Ihrem Geschmack. Von außen leicht gebräunt, von innen saftig und zart. Wie dieser Leckerbissen auf Ihrer Zunge zergeht, können Sie sich vorstellen. Aber wissen Sie auch, was Sie da zu sich nehmen? Ich verrate es Ihnen: Grundsätzlich besteht Fleisch zu 15 bis 20 Prozent aus Eiweiß (Protein) und bis zu 45 Prozent aus Fett. Etwa ein Prozent Vitamine, Kohlenhydrate und organische Säuren machen den kostbaren Nährstoffmix komplett.

Powersnack dank Aminosäuren

Das Nahrungsmittel Fleisch ist heute nicht ganz unumstritten. Weil manches Fleisch lieblos auf Masse produziert wird. Oder unter gesundheitsschädigenden Bedingungen auf den Markt geworfen. Kurz: Fleisch von minderer Qualität macht aus Ihrer Wurst tatsächlich keine Gaumenfreude. Der bewusste Genuss von hochqualitativem Fleisch gehört aber zu einer abwechslungsreichen, gesunden Ernährung unbedingt dazu.

Vor allem aufgrund der lebensnotwendigen Inhaltsstoffe wird Fleisch für Ihren Organismus zum echten Powersnack. Das tierische Eiweiß kommt dem menschlichen sehr nahe. Wir verwerten es besonders schnell. Dabei entsteht pure Energie, denn Protein besteht hauptsächlich aus wertvollen, essenziellen Aminosäuren. Die wiederum sind Grundbausteine für jede einzelne Zelle Ihres Körpers. Einen Teil davon produziert er selbst, beim Rest freut er sich über Ihre Hilfe: indem Sie Fleisch essen. Die Ernährungswissenschaft empfiehlt täglich ein Gramm Eiweiß pro Kilogramm Körpergewicht, und dieses sollte zur Hälfte aus tierischem Eiweiß bestehen.

So wertvoll ist Ihr Steak

Beim Fleischgenuss erhalten Sie zusätzlich lebensnotwendige anorganische Nährstoffe, die Mineralstoffe. Vorwiegend Natrium, Kalium, Kalzium, Phosphor und Eisen. Da werfen Sie lange Nahrungsergänzungsmittel ein, ehe Sie diesen Vitalcocktail erreichen. Das gilt ebenso für die Vitamine, hauptsächlich aus der B-Familie. Vitamin B 12 ist wichtig für Zellteilung, Blutbildung und Ihr Nervensystem.

Der Organismus bezieht es ausschließlich aus tierischen Produkten. Pflanzenprodukte sehen hier eher welk aus. Mit 100 Gramm Muskelfleisch kann Ihr Bedarf an den einzelnen B-Vitaminen zwischen 20 und 100 Prozent gedeckt werden. Eine Sonderstellung bezüglich des Vitamingehaltes nimmt übrigens die Leber ein, die neben den B-Vitaminen außerdem einen hohen Gehalt an Vitamin A aufweist.

Keine Angst vor der richtigen Menge Fett

Schließlich gibt es noch einen Inhaltsstoff, der heutzutage unter einem schlechten Ruf leidet: Fett. Urteilen Sie nicht zu vorschnell. Das richtige Quantum Fett im Fleisch macht die Wurst zart und rundet sie geschmacklich ab. Zum Glück haben Sie es jetzt selbst in der Hand, den Fettgehalt Ihrer Wurst nach Altmeister-Art zu bestimmen. Bei allen Gedanken an Ihre Figur und Ihre Gesundheit sollten Sie nicht vergessen, dass auch Fett Ihrem Organismus Energie spendet. Solange Sie nicht damit übertreiben. Je fettiger die Wurst, desto schwerer liegt sie nämlich im Magen. Andere Faktoren, wie das Alter des Tieres oder der Reifezustand des Fleisches, spielen bei der Verträglichkeit ebenso eine Rolle. Informieren Sie sich daher, von welchem Tier das Fleisch zum Wursten stammt. Auf den folgenden Seiten gebe ich Ihnen einen praxisnahen Einblick in die fleischige Welt von Rind, Schwein und Co. Damit Ihnen niemand einen Ochs für eine Kuh vormacht.

«Fleisch und Wurst zählen zu den wichtigsten Eisenquellen für alle, die sich nicht vegetarisch ernähren.»

Wissen, wo es herkommt – Warenkunde Fleisch
So erkennen Sie Qualität an wenigen Merkmalen

Sehen Sie sich bei Ihrem nächsten Spaziergang auf dem Land mal um. Wie wird das Vieh hier gehalten? Die Qualität des Fleisches hängt davon ab. Auch Alter, Geschlecht, Körperbau, Gesundheits- und Nährzustand des Tieres haben großen Einfluss. Folgen Sie mir auf meiner kleinen «Fleischbeschau».

Rund ums Rind

Glückliche Wurst kommt von glücklichen Rindern. Für viele in diesem Buch beschriebene Rezepte können Sie deshalb ihr Fleisch verwenden. Was wir allgemein unter «Rindfleisch» verstehen, ist genauer gesagt das Muskelfleisch des Hausrindes. Bereits vor 250.000 Jahren weidete sein stolzer Vorfahr, der Auerochse, auf den einsamen Wiesen Mitteleuropas. Durch gezielte Züchtung entstanden aus diesem «Urvieh» die heutigen Rinderarten. Ihr Fleisch gehört zu den beliebtesten Sorten der deutschen Küche. In Europa zählt Deutschland daher auch zu den wichtigsten Erzeugerländern.

Der Genießer und das liebe Vieh

100 Gramm mittelfettes Rinder-Entrecôte (ein Steak aus der Hoch- oder Zwischenrippe) enthalten etwa 15 Gramm Eiweiß und 18 Gramm Fett. Das macht zusammen 240 Kilokalorien. Damit liegt Rindfleisch energietechnisch im Mittelfeld zwischen ganz magerem Kalbfleisch und fettem Schweinefleisch.

Aber aufgepasst: Rindvieh ist nicht gleich Rindvieh. Da gibt es große Unterschiede, vor allem bei Geschlecht und Alter, in dem das «liebe Vieh» geschlachtet wird.

Die häufigsten Arten

Niederungsvieh:
- Schwarzbuntes Tieflandrind
- Rotbuntes Tieflandrind
- Rotes Angler Rind
- Deutsches Shorthorn-Rind

Höhenvieh:
- Höhenfleckvieh
- Wäldervieh
- Gelbes und lichtes Höhenvieh
- Rotes Höhenvieh
- Graubraunes Höhenvieh
- Pinzgauer Rind

«Je jünger das Schlachttier, desto besser die Bindung der Wurstmasse.»

Geschlechts- und Altersbezeichnung

Hereinspaziert in den imaginären Kuhstall. Hier tummeln sich die hübschen Tiere mit den großen braunen Augen in allen Alters- und Größenklassen.

Fangen wir klein an, nämlich beim Kalb. So wird das Jungtier bis zu einem Alter von sechs Monaten genannt. Man unterscheidet weibliche Kuhkälber von männlichen Bullenkälbern. Saugkälber sind noch nicht entwöhnt, und Mastkälber werden mit acht bis zwölf Wochen geschlachtet. Ihr Fleisch: hellrosa, feinfaserig und von fantastischer Zartheit. Mastkälber mit ungewöhnlich vollen Hinterschenkeln nennt man Doppellender. Jungrind oder Fresser heißt das jugendliche Rind von sechs bis etwa 18 Monaten. Der Jungochse ist kastriert, sein Fleisch rot, feinfaserig und mit hellen Fettadern durchzogen. Der wiederum unkastrierte Jungbulle liefert mageres, etwas trockeneres Fleisch ohne Fettmarmorierung. Einen sehr kräftigen Geschmack hat das braunrote Fleisch des Mastochsen, eines kastrierten und auf Gewicht gemästeten Rinds.

Als Färse oder Starke bezeichnet man das weibliche Tier bis zum ersten Kalben. Kräftig rot und saftig schimmert ihr Fleisch. Die Kuh kennen Sie, das weibliche Rind nach der ersten Kalbung. Genau wie beim Bullen oder Stier, dem geschlechtsreifen männlichen Pendant, neigt das Fleisch dazu, etwas zäh zu sein. Gelbe Fettadern durchziehen die ansonsten dunkelroten Fleischfasern.

Info

Du alte Kuh?

Begegnen Sie einer Kuh auf freier Wildbahn, versuchen Sie mal, anhand ihrer Hornringe das Alter zu schätzen. Bei jedem Kalben bildet sich an ihren Hörnern ein Ring. Auch für den Fachmann ist das ein Ansatzpunkt, um die Lebensjahre zu bestimmen.

Aber passen Sie auf, dass Sie nicht auf die Hörner genommen werden! Beim Rind verraten vor allem die Zähne, wie viele Jahre es auf dem Buckel hat.

Wissen, wo es herkommt – Warenkunde Fleisch

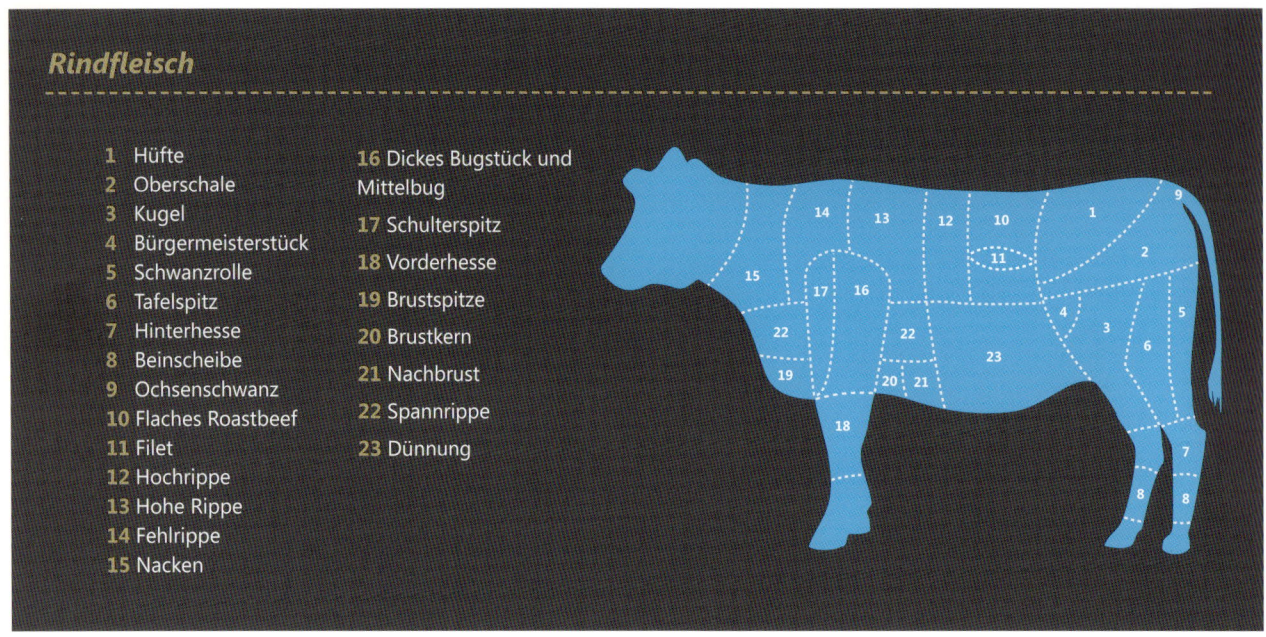

Rindfleisch

1 Hüfte
2 Oberschale
3 Kugel
4 Bürgermeisterstück
5 Schwanzrolle
6 Tafelspitz
7 Hinterhesse
8 Beinscheibe
9 Ochsenschwanz
10 Flaches Roastbeef
11 Filet
12 Hochrippe
13 Hohe Rippe
14 Fehlrippe
15 Nacken
16 Dickes Bugstück und Mittelbug
17 Schulterspitz
18 Vorderhesse
19 Brustspitze
20 Brustkern
21 Nachbrust
22 Spannrippe
23 Dünnung

Das kommt vom Rind in die Wurst

Rindfleisch aus der Hüfte Quadratisch, praktisch, lecker: Die Rinderhüfte ist ein kompakter, rechteckiger Brocken Fleisch, kräftig rot glänzend und mit feinen Fettadern durchzogen. Dieses Fett hat den Schmelz, den wir für unsere Mettwurst brauchen.

Das saftige Fleisch wird gekocht, geschmort oder gebraten und macht sich sehr gut in einem frischen Rindfleischsalat. Die Hüfte des Rinds hat übrigens viele regional geprägte Bezeichnungen, so auch Blume, Rosenspitz oder Kaiserstück.

Tatar Ob wirklich die wilden Tataren Namensgeber dieser Fleischzubereitung waren, kann ich nicht sagen. Manche nennen es auch ganz unspektakulär Schabefleisch oder Beefsteakhack. Auf jeden Fall wird dafür rohes, fett- und sehnenfreies Rindfleisch durch den Fleischwolf getrieben. Eine homogene Hackfleischmasse entsteht, deren Fettgehalt höchstens sechs Prozent betragen darf. Hochwertiges Muskelfleisch, etwa Filet oder Schulter, sorgt für die hohe Qualität des Hacks.

Viele Genießer mögen es deshalb am liebsten auch gleich roh verspeisen, zusammen mit einem Eigelb, ein paar Zwiebeln oder Kapern. Seit dem 19. Jahrhundert begeistern sich die Deutschen schon dafür. Ich zaubere aus dem Tatar genauso gerne delikate Pasteten.

Das kommt vom Kalb in die Wurst

Kalbfleisch Das Fleisch von Mastkälbern punktet durch seine zarten, feinen Fasern. Je nach Haltung der Tiere verändert sich die Fleischfarbe: weiß bis blassrosa bei Stallmast, hellrot bei Haltung auf der Wiese. Der sehr niedrige Fettgehalt garantiert Ihnen hohe Verträglichkeit.

Garen Sie Kalbfleisch unbedingt schonend, damit das magere Fleisch nicht austrocknet. Unter Ihren Händen verwandelt es sich zu köstlichen Pasteten oder einem Rheinischen Leberwursttopf. Das fettarme Fleisch eignet sich auch hervorragend für Sülzwurst, weil deren Fettgehalt unter fünf Prozent liegen soll.

Kalbsleber Glänzt rötlich-braun, etwas heller als Rinderleber und dunkler als Schweineleber. Sie können sie küchenfertig beim Schlachter oder an der Fleischtheke von Supermärkten erstehen. Die zum Teil immensen Löcher in der Leber entstehen durch die Entfernung der Gallenwege und größeren Venen.

Der Gourmet schwärmt von kurz gebratener Kalbsleber, den Gesundheitsbewussten versorgt sie mit einer Extraportion Eisen. Uns ist sie natürlich in der Leberwurst am liebsten.

Kalbsschulter Wird auch Bug genannt und besteht eigentlich aus drei Teilen: dicke Schulter, Schaufelstück oder Mittelschulter und falsches Filet bzw. schmale Schulter. Der Fettgehalt von drei Prozent ist kaum erwähnenswert. Typisch ist die durchwachsene Struktur des Fleisches. Da dieser Körperteil naturgemäß viele Sehnen und Bindegewebe enthält, macht er sich als Bindung in Würsten besonders gut, zum Beispiel in meiner exklusiven Trüffelleberwurst.

Kalbszunge Die Zunge gehört neben Herz und Leber zum Innenleben eines Tieres und ist nicht jedermanns Sache. Aber wie Herz und Magen besteht sie vor allem aus Muskelgewebe, das unglaublich zart und von mildem Geschmack ist. Die Zungen von Rind, Kalb und Lamm gelten als besondere Leckerbissen. Die zarte Kalbszunge kann nach dem Kochen gehäutet werden und ist die passende Zutat für eine nicht alltägliche Zungenleberwurst.

Kalbsnacken Der Nacken, oder auch Kalbshals, gehört zum vordersten Teilstück eines Mastkalbs. Kalbsnacken wird am Stück oder in Scheiben geschnitten mit und ohne Knochen angeboten. Sehr saftiges Fleisch mit schöner Fettmarmorierung. Es ist zwar etwas teurer, aber dafür gesund und über die Maßen fein. Die kurzfaserige Muskulatur mit wenig Bindegewebe und Sehnen macht es so wertvoll. In der Küche gilt der Kalbsnacken deshalb als idealer Bratenspender oder Gulaschstück. Und, hätten Sie's gewusst: Die fleischige, nicht allzu magere Faser verfeinert neben dem Schweinefleisch auch Wurstklassiker wie die Thüringer Rostbratwurst.

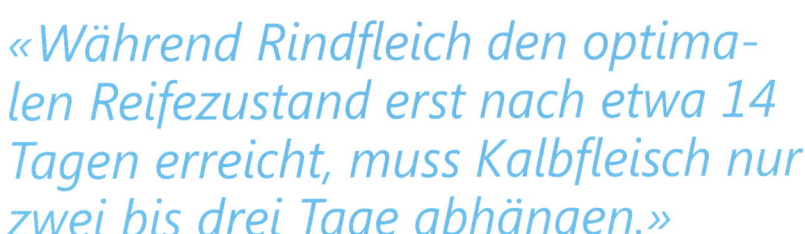

«*Während Rindfleich den optimalen Reifezustand erst nach etwa 14 Tagen erreicht, muss Kalbfleisch nur zwei bis drei Tage abhängen.*»

Rund ums Schwein

Schweinefleisch kostet wesentlich weniger als Rindfleisch. Deshalb kommt es bei Hobbyköchen besonders gut an. Aber auch, weil das Schwein zu den am längsten domestizierten Haustieren der menschlichen Zivilisationsgeschichte gehört, finden wir es irgendwie sympathisch. Hand aufs Herz: «Schweinereien» liegen uns einfach.

Im Laden finden Sie das Fleisch von schnell ausgemästeten jungen Schweinen. Frisch, geschmeidig – perfekt für leckere Grillwürste. Die große Menge Eiweiß bindet die Wurstmasse ideal. Außerdem können Sie bei einem Direktvermarkter einkaufen, zum Beispiel bei einem Landwirt Ihres Vertrauens. Hier erhalten Sie bei Bedarf auch gleich ein halbes Schwein, fachmännisch zerlegt, etwa in Koteletts oder Filets. Diese frieren Sie portionsweise ein. In die Wurst kommen dagegen die Abschnitte, die beim Zuschneiden anfallen.

Geschlechts- und Altersbezeichnung

Einige der folgenden Bezeichnungen kennt kein Schwein. Aber Sie wollen ja noch etwas lernen. Los geht's: Sau, Bache oder Docke heißen die Muttertiere. Ferkel, Milchferkel und Spanferkel werden ihre Kleinen während der Säugezeit genannt. Der entwöhnte Nachwuchs wird zum Faselschwein oder Läufer.

Eber, Keiler und, aufgepasst, Bär sind die nichtverschnittenen männlichen Tiere. Die verschnittenen männlichen Artgenossen tragen so seltsame Titel wie Borch oder gar Barsch. Der Binneneber ist unvollständig kastriert, während der Altschneider zwar die Zucht kennenlernte, im Alter aber kastriert wurde.

Die häufigsten Arten

- Veredeltes Landschwein
- Weißes Edelschwein
- Schwäbisch-Hällisches Schwein
- Deutsches Cornwallschwein
- Deutsches Berkshireschwein
- Weideschwein
- Angler Sattelschwein

Wissen, wo es herkommt – Warenkunde Fleisch

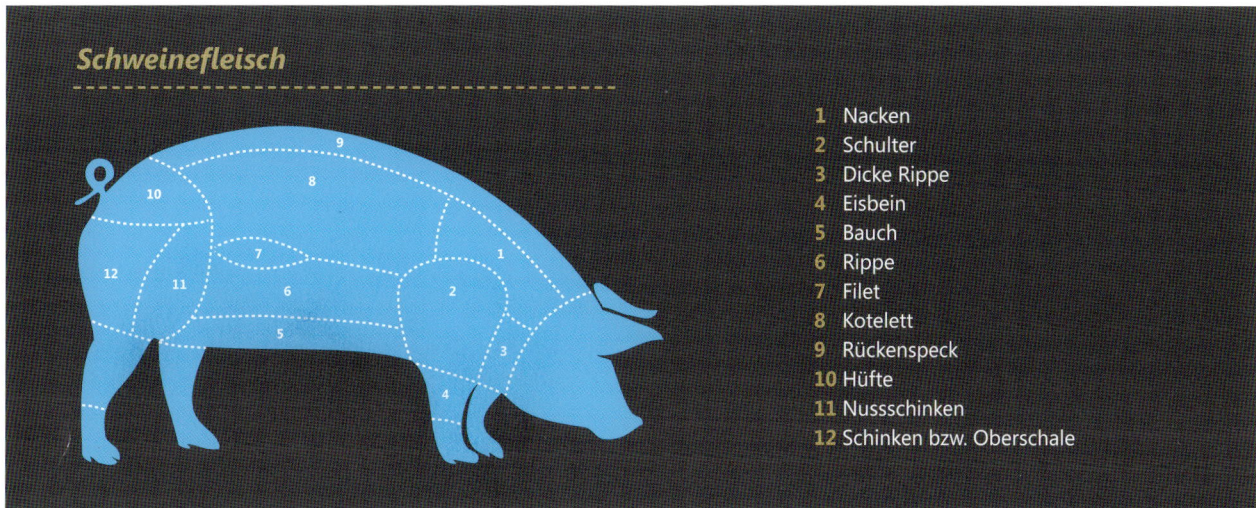

1 Nacken
2 Schulter
3 Dicke Rippe
4 Eisbein
5 Bauch
6 Rippe
7 Filet
8 Kotelett
9 Rückenspeck
10 Hüfte
11 Nussschinken
12 Schinken bzw. Oberschale

Das kommt vom Schwein in die Wurst

Schweinefleisch Aus Schulter, Hals oder Brust zaubert der Altmeister Fleisch- und Rotwurst, aber auch Pastete und deftigen Saumagen.

Schweinekamm Wurstmachers Liebling für Leberwurst und Schwartenmagen.

Schweineschulter Das grobfaserige Muskelfleisch wird zu Sülzwurst, Pasteten und cremigen Brotaufstrichen verarbeitet.

Schweinebauch Ein gut durchwachsener Alleskönner für Leber-, Blut- und Grillwürste.

Speck Ausgelassen verfeinert er den Geschmack von vollmundigen Pasteten oder Leberwurst.

Flomen Das helle Bauchwandfett eignet sich für Schmalzfleisch und Pastete.

Schweinenacken Saftiges Fleisch für die Sülzwurstschüssel und Pasteten.

Schweinezunge Verfeinern Sie damit Leberfleisch- und Sülzwurst.

Schweinebacken Der hohe Anteil an Bindegewebe sorgt in Leberwurst und Fleischkäse für die nötige Konsistenz.

Schweineleber Ab in die Leberpastete natürlich!

Schweinenieren und -herzen Als delikates Extra in Leberfleisch- und Pfefferwurst zu finden.

Schweinepfoten und Kopffleisch Durch den hohen Anteil an Gelierstoffen eine echte «Stütze» für die hausgemachte Sülzwurst.

Schwarten Die Haut von Bauch oder Schinken wird zu Blut- und Grillwürsten verwurstet.

Schweineschinken Von der Hinterkeule hinein in die getrüffelte Bratwurst!

Schweineschmalz Frisch vom Metzger als Zutat für Schmalzfleisch in leckeren Varianten, etwa mit Knoblauch.

Kasseler und Schweinebraten Falls vom Sonntagsessen etwas übrigbleibt, machen Sie doch einfach mal eine Sülze draus!

Wissen, wo es herkommt – Warenkunde Fleisch

Rund um Schaf und Lamm

Sie kennen das: Beim Lammfleisch scheiden sich traditionell die Gemüter. Es gibt glühende Lammfans – und regelrechte Kostverächter. Vor allem für den deutschen Gaumen scheint der würzige Beigeschmack gewöhnungsbedürftig. Der Pro-Kopf-Verbrauch in Deutschland liegt daher auch nur bei etwa einem Prozent. Eigentlich schade, denn schauen Sie mal, welche Köstlichkeiten die Küche des Nahen Ostens oder Nordafrikas aus den wolligen Tierchen zaubert. Und was wäre die feurige Merguez, die Sie aus dem Frankreichurlaub kennen, ohne Lammfleisch?

Hauptsache belämmert

Lämmer werden nach sechs oder acht Monaten geschlachtet. Auf jeden Fall sollten sie den zwölften Lebensmonat nicht vollendet haben. Nur dann ist ihr Fleisch mild würzig. Das Fett hat einen niedrigen Schmelzpunkt und schmeckt nicht talgig.

Das Fleisch von Hammel und Schaf besitzt dagegen ein sehr deutliches Eigenaroma und eine feste Faser. Ich rate Ihnen, das Fett sorgfältig zu entfernen, denn es riecht und schmeckt außerordentlich streng.

Weil Sie im deutschen Fachhandel so gut wie keine Hammel oder Schafe erhalten werden, konzentrieren wir uns auf die Lämmer. Da gibt es einmal das Fleisch von Milchmastlämmern, die nicht älter als sechs Monate sind. Weil sie noch nicht geweidet haben, ist es hellrosa und zergeht auf der Zunge. Mastlämmer, die höchstens zwölf Monate alt werden, tragen in ihrem dunkelrosa Fleisch schon das feine Aroma von Wiesenkräutern. Qualitativ hochwertiges Lammfleisch erkennen Sie übrigens vor allem am guten Fleischansatz an den Keulen und am Rücken mit seiner dünnen weißen Fettabdeckung.

«100 Gramm Lammfleisch aus der Keule decken den Tagesbedarf eines Erwachsenen an Vitamin B 12 und liefern 18 Gramm Eiweiß.»

Geschlechts- und Altersbezeichnung

Bock, Stär oder Widder heißen Schafe in ihrer ganzen Mannespracht. Verschnitten nennt man sie Hammel oder Schöps.

Das weibliche Tier hat Namen wie Mutterschaf, Schibbe oder Zibbe. Das Zibbenlamm ist der zwölf bis 18 Monate alte Jährling. Im Alter von 18 bis 30 Monaten wird er zu Zeitschaf oder Zeitbock. Merz- oder Brackvieh sind Schlachtschafe, die nicht mehr zur Zucht verwendet werden. Der kastrierte Hammel ist nicht älter, ein Schaf nicht jünger als zwei Jahre.

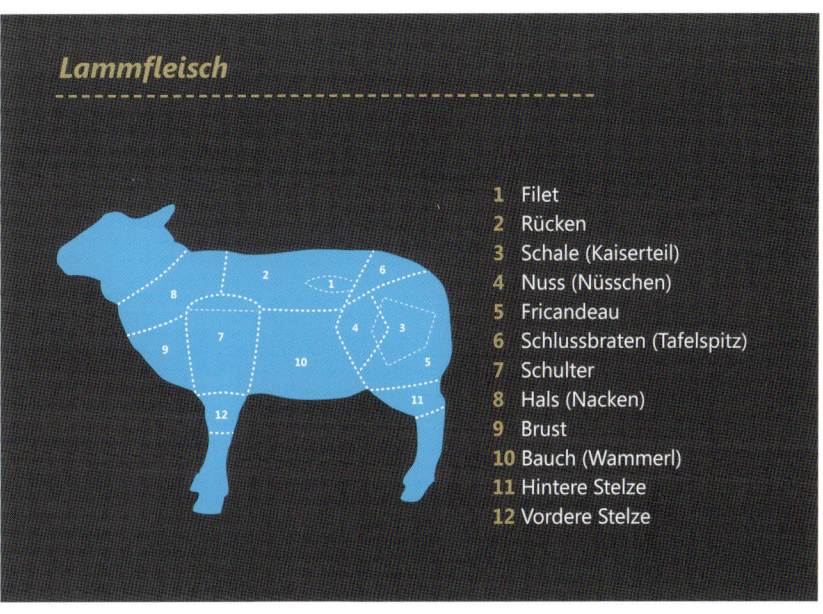

Lammfleisch

1. Filet
2. Rücken
3. Schale (Kaiserteil)
4. Nuss (Nüsschen)
5. Fricandeau
6. Schlussbraten (Tafelspitz)
7. Schulter
8. Hals (Nacken)
9. Brust
10. Bauch (Wammerl)
11. Hintere Stelze
12. Vordere Stelze

Die häufigsten Rassen

- Veredeltes Landschaf
- Merinofleischschaf
- Schwarzköpfiges Fleischschaf
- Blauköpfiges Fleischschaf
- Weißköpfiges Fleischschaf
- Suffolk
- Texel
- Ile de France
- Shropshire

Das kommt vom Lamm in den Topf

Filet: Klein, fein und ganz außerordentlich delikat.

Lammrücken: Er beginnt am niederen Rücken (Lendenrücken, für Lammkrone geeignet) und endet am hohen Lammrücken, dem Karree, also Rückenfilet. Besonders fettarme Stücke kommen aus dieser Körperregion. Sie eignen sich zum Braten, für Kurzgebratenes oder zum Grillen, als Koteletts oder Lammchops (halbierte Koteletts), aber auch als Steaks.

Schlegel oder Keule: Für festliche Genüsse bietet sich dieses schöne Stück an, mit Knochen oder ausgelöst, im Ganzen oder gerollt. Gourmets lassen sich die kräftigen Keulensteaks als quer geschnittene Scheiben mit Knochen, wie das Florentiner Steak, schmecken. Der Schlegel besteht aus Nüsschen, Schale, Fricandeau und Schlussbraten. Als Braten und Steaks à la Provence eine Lammspezialität ersten Ranges. Hat sich als Schnitzel, gebacken oder gegrillt, in Fondues und in feinen Ragouts bewährt.

Wissen, wo es herkommt – Warenkunde Fleisch

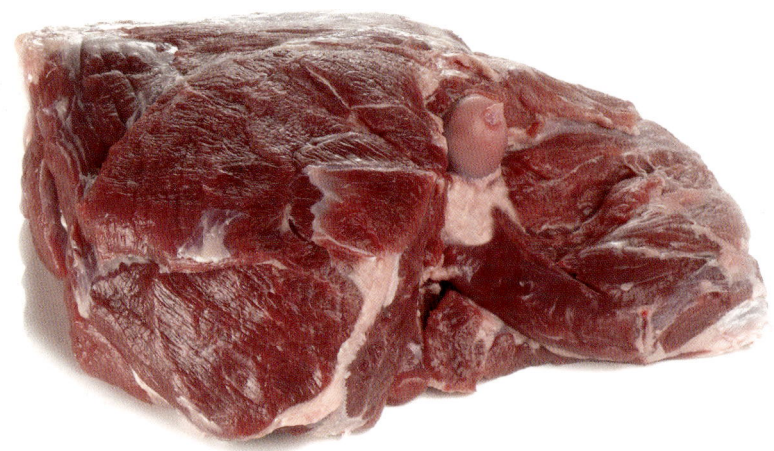

Schulter: Das Bratenstück, das sich für viele Zubereitungsarten anbietet. Sein aromatisches Saftfleisch eignet sich zum Beispiel für Gulasch oder Gehacktes. Ohne Knochen und sehr beliebt ist der gefüllte Rollbraten, gedünstet oder geschmort.
Hals: Ein gut durchwachsener Körperteil, deshalb wie geschaffen für einen herzhaften Braten. Ausgelöst macht sich das Fleisch hervorragend in Eintöpfen und Ragouts nach Hausmacher-Art. Die Halsknochen kräftig durchkochen, dann ergibt sich eine würzige Essenz.
Brust: Ganz ähnlich wie Hals und Nacken: Das ordentlich durchzogene Fleisch eignet sich zum Füllen und Braten ebenso wie als gehaltvolle Einlage in würzigen Eintöpfen. Die Rippen sind bei jedem Barbecue ein begehrtes Grillstück.
Bauch oder Wammerl: Setzt die Brust fort und ist ideal für Rollbraten und Eintöpfe. Fett und Bindegewebe durchsetzen dieses Stück. Daher taugt es gut für Ragouts oder ein Irish Stew mit allerlei Wurzelgemüsen.
Stelzen oder Haxen: Ein Universaltalent! Im Ganzen vorbildlich geeignet zum Grillen, Braten, Schmoren und Dünsten. Ausgelöst lassen sie das Herz von Ragout- und Eintopffreunden schneller schlagen. Die hinteren Stelzen haben mehr Fleisch als die vorderen. Beim langsamen Braten wird das geschmackverleihende Bindegewebe schön weich.

Innereien: Zarter geht es nicht. Die dunklen Innereien Leber, Herz und Nieren sind ebenso wie die hellen Hirn, Bries, Zunge und Kutteln vom Lamm noch feiner als vom Kalb, und trotzdem äußerst geschmackvoll.

Info

Das Innenleben

Lange Zeit waren die Innereien eines Tieres nicht besonders populär auf unseren Tischen. Entweder hatte man sie verpönt als «Arme-Leute-Essen» oder aber Fleischskandale (BSE) verdarben uns den Appetit.
Mit dem Siegeszug der hochwertigen Regionalküche kehrt das «Innenleben» der Schlachttiere zurück auf die Teller. Dazu zählen wir die folgenden Produkte, die von jungen Tieren und frisch am besten schmecken. Nur Mut, gebraten, gedünstet, aber auch gekocht eine Delikatesse sind:

Kalbs-, Rinder-, Schweineleber
Kalbs-, Rinder-, Schweinenieren
Herz – Lunge – Zunge
Hirn – Bries
Milz – Euter – Kutteln

Rund ums Geflügel

Von wegen flatterhaft! Nichts kommt so häufig auf den deutschen Tisch wie Geflügelfleisch. Aber Vorsicht, nicht alles, was Federn hat, ist auch gleich Geflügel. Wir unterscheiden zwischen Mastgeflügel und Federwild. Zum Mastgeflügel zählen Hähnchen, Huhn und Truthahn (Puter), Ente und Gans. Zum Federwild gehören Wildente, Fasan, Rebhuhn, Wachtel, Schnepfe und Taube.

Vom königlichen Genuss zur schlanken Alltagsspeise

Für die Hobbyküche haben diese Tiere eine große Bedeutung. Denn inzwischen ist Geflügel eines unserer täglichen Nahrungsmittel. Mit nahezu hellseherischer Weisheit versprach schon der französische König Heinrich IV. im 16. Jahrhundert: «Wenn mir Gott zu leben erlaubt, werde ich dafür sorgen, dass es in meinem Land keinen Bauern gibt, der sonntags nicht sein Huhn im Topf hat!»

Heute sind rund 20 Prozent des in Europa verzehrten Fleischs Geflügelfleisch. Der geringe Kalorienanteil spielt bei der Beliebtheit eine ganz wichtige Rolle. Im Geflügel stecken Vitamine, Mineralstoffe, Eiweiß. Zum Wursten nehmen Sie das etwas fettere Fleisch von Puten, Gänsen und Enten. Hühner sind eher ungeeignet.

Geflügelleber macht sich als feine Zutat bei der Wurstherstellung ebenfalls gut. Es muss ja nicht gleich die berühmte Gänsestopfleber sein, die nur als Importware gekauft werden kann, weil in Deutschland das Stopfen von Gänsen verboten ist.

Geflügel erhalten Sie in verschiedenen Formen und Handelsklassen. Frisch und gekühlt oder tiefgefroren. Der Verkauf von Geflügelteilen wie Brust, Keulen, Schenkeln und Innereien nimmt immer mehr zu. Gut für Singles und alle, die kulinarische Abwechslung suchen.

«Ist tiefgekühltes Geflügel einmal aufgetaut, frieren Sie es nicht wieder ein.»

Die häufigsten Arten

Mastgeflügel
- Hähnchen
- Huhn
- Truthahn
- Puter
- Ente
- Gans

Federwild
- Wildente
- Fasan
- Rebhuhn
- Schnepfe
- Taube

Die beliebtesten Geflügelsorten

 **Hühner** Als Suppenhühner gelten 15 bis 20 Monate alte Legehennen mit ca. 1,5 bis 2,2 Kilo Gewicht.

 **Junge Hähne** Tiere, die 7 bis 10 Wochen alt sind, haben ein Gewicht von ca. 1,8 bis 2 Kilo.

 **Hähnchen** Tiere beiderlei Geschlechts, ca. 4 bis 8 Wochen alt, sind 750 bis 1.200 Gramm schwer.

 **Poularden** Sind fleischige, schwere Hähnchen mit einem Gewicht ab ca. 1.200 Gramm.

 **Enten** Als Ente bezeichnen wir Tiere, die bereits die Geschlechtsreife erreicht haben.

 **Stubenküken** Sind bis zu 5 Wochen alte Hühnchen von ca. 350 Gramm Gewicht.

 **Perlhühner** Sind ca. 6 Monate alte Hennen und Hähne und etwa 1.000 Gramm schwer. Eine spezielle Rasse, die im Geschmack an Fasanenfleisch erinnert.

 **Hafermastgans** Ein kurz gemästetes Tier von ca. 12 Monaten mit einem Gewicht von 4 bis 6,5 Kilo.

 **Junge Gänse** Sind Tiere, die bis zu 10 Monate alt sind.

 **Tauben** Das zarte, weiße Fleisch von jungen Tauben bis ca. 12 Wochen und einem Gewicht von 300 bis 500 Gramm gilt als erlesene Delikatesse.

 **Babyputen** Sind gemästete Tiere von 2 bis 3 Monaten mit einem Gewicht von ca. 2,5 bis 3,5 Kilo.

 **Frühmastgans** Als Frühmastgänse werden Tiere bis zu 6 Monaten und einem Gewicht von 3,5 bis 4,5 Kilo bezeichnet.

 **Truthahn (Puter)** Bis zu 24 Wochen gemästete Tiere mit einem Gewicht von 13 bis 14 Kilo, werden überwiegend als Teilstücke vermarktet.

Rund ums Wild

Wildfleisch ist eine echte «Königsdisziplin». Denken Sie an die reich gedeckten Tafeln der Fürsten aus den Märchen Ihrer Kindheit. Sehen Sie auch gespickten Rehrücken, einen gebratenen Fasan oder Wildschwein am Spieß vor sich? Das hat seinen Grund: Im Mittelalter war die Jagd ein rein königliches Vergnügen. Die Köstlichkeiten aus Wald und Flur durfte sich allein der Adel schmecken lassen. Wilddiebe – unter ihnen gilt Robin Hood als berühmtester Vertreter – wurden hart bestraft. Gott sei Dank sind diese Zeiten vorbei. Das zarte, hellrosa Fleisch junger Wildtiere zählt zwar heute noch zu den festlichen Delikatessen, ist aber für jedermann erhältlich. Ganz ohne Pfeil und Bogen.

Info

Metzger oder Fleischer?

Das Metzgergewerbe ist eines der ältesten Handwerke überhaupt. Bereits für das Altertum wurde das Schlachten von Tieren und die anschließende fachgerechte Zerlegung nachgewiesen. Die Menschen töteten ihre Tiere, um sie zu essen oder in Opferritualen zu verwenden.

Auch im alten Rom genossen Metzger großes Ansehen. Die römischen Schlachthäuser führten den Namen *macella* – was schlicht «Markt» bedeutet. Aus diesem lateinischen Begriff wurde im Italienischen *macelleria* für Metzgerei.

Im deutschen Wort «metzeln» steckt noch ein Rest davon, ebenso im «Metzger». Überall dort, wo sich Römer niederließen, hat sich diese Bezeichnung durchgesetzt. Vor allem in nördlichen Gebieten sind dagegen die Ausdrücke «Fleischer» oder «Schlachter» gebräuchlich.

Andere Zeiten, andere Geschmäcker

Auch die Verzehrgewohnheiten haben sich geändert. Früher weidete man sich am Hautgout des Wildes, jenem strengen Geruch, der durch die Eiweißzersetzung bei langer Lagerzeit entsteht. Als moderner Gourmet würden Sie darüber die Nase rümpfen. Heute lässt man das frische Wild deshalb nur einige Tage reifen, bis es mürbe wird.

Wild sollten Sie wegen seines geringen Fettgehalts beim Braten mit Speck umwickeln. Das nennt man bardieren. Der Vorteil im Vergleich zum Spicken: Die feine Faserstruktur bleibt unverletzt. Den Speck entfernen Sie etwa zwanzig Minuten vor dem Garende, damit der Braten bräunen kann. Lagern Sie tiefgefrorenes Wild nicht länger als sechs Monate. Die Auftauflüssigkeit bitte restlos abgießen und das Wild mit kaltem Wasser gründlich säubern. Haut und Sehnen mit einem scharfen Messer abschneiden. Wild aus der Tiefkühltruhe wird am besten über einige Tage in einer Marinade eingelegt, um Geschmack anzunehmen.

Wissen, wo es herkommt – Warenkunde Fleisch

Rehwild

Zu dieser Wildgruppe zählen Rehböcke und Riken, also die weiblichen Rehe. Kitze, die Jungtiere, haben ein besonders delikates Fleisch. Rehwild wirft folgende Fleischstücke ab:
Rehrücken: Er wiegt etwa 3 bis 3,5 Kilo und wird häufig bereits gespickt angeboten. Ausgelöst aus dem Rehrücken als Rehmedaillons eine kulinarische Verführung.
Rehkeule: Auch Schlegel genannt, im Ganzen oder in Teilstücken erhältlich. Aus der Rehkeule werden fettarme Rehsteaks, Rehrouladen und Rehschnitzel entnommen.
Rehschulter: Heißt auch Blatt oder Schäuferl und wird als Braten oder im Ragout verwendet.
Rehhals/Rehbrust: Eignet sich für Wildsuppen, Rehragout, Pasteten und Terrinen.
Rehinnereien: Das Herz und die Nieren werden zu Saucen und Füllungen sowie zu Pasteten verarbeitet. Leider finden Sie Rehleber im Laden selten, weil der überglückliche Waidmann diese Delikatesse in den meisten Fällen selbst isst.

Rotwild

Rotwild heißen alle Hirsche und Hirschkühe, sowohl die männlichen als auch die weiblichen. Herr Hirsch gilt im mitteleuropäischen Raum als größtes frei lebendes Wildtier. Imposante Geweihe machen ihn beim Jäger zur beliebten Trophäe. Spießer oder Schmaltiere heißen die Jungtiere. Im Handel erhalten Sie es in den gleichen Teilen wie Rehwild. Das tiefrote magere Fleisch ist eine kulinarische Freude.

Wiegen die Tiere nicht mehr als 60 Kilo und sind nicht älter als 24 Monate, bietet der Handel das Fleisch vorwiegend als Braten, Medaillons, Steaks und Rouladen an. Das Fleisch älterer Tiere verfeinert Ragouts, Wildpfeffer, Pasteten, Terrinen, Suppen und Soßen.

Schwarzwild

Der Jägersmann bezeichnet mit Schwarzwild den Keiler als männliches und die Bache als weibliches Wildschwein. Frischlinge zählen höchstens zwölf Monate. Überläufer sind zwei Jahre alt. Als Leckerbissen gilt das Fleisch der Frischlinge und vom jungen Keiler. Fleisch von älteren Tieren sollten Sie beizen.
Wildschweinkeule: Daraus werden ein würziger Braten oder Steaks, Medaillons und leckere Rouladen.
Wildschweinschulter: Ebenfalls als Braten und Rouladen geeignet.
Wildschweinrücken: Das Edelstück, egal ob ganz oder in Teilen.
Wildschweinbauch, -hals, -brust: Lieferant für Ragouts, Wildpfeffer, Pasteten, Terrinen, Suppen und Saucen.

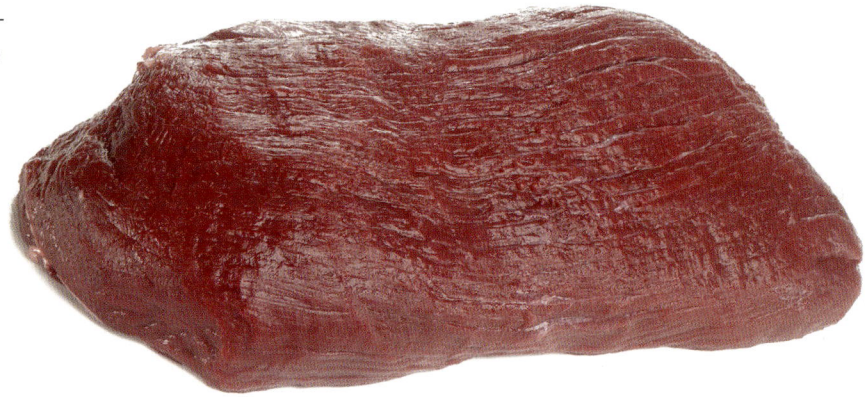

> **Info**
>
> ### Fleisch beizen
>
> Ist vom Beizen die Rede, dann meint der Koch nichts anderes als das Marinieren von Fleisch. Das geschieht aus Gründen des Geschmacks oder der Haltbarkeit. Die Beize ist eine Flüssigkeit, in der das rohe Fleisch über einige Zeit eingelegt wird. Das nennt man «nass beizen». Bei Wild kann die Beize zum Beispiel aus Rotwein und Kräutern (Thymian, Rosmarin) bestehen. Gerne dürfen Sie dazu auch Buttermilch verwenden, um den strengen Hautgout zu vertreiben und die größtmögliche Zartheit zu erreichen.
>
> Eine andere Form des Nassbeizens besteht im Einspritzen von Pökellake in Schinken, um eine Durchrötung während des Garvorgangs zu erreichen. Fisch wie etwa Lachs, Makrele oder Forelle wird dagegen häufig trocken gebeizt, zum Beispiel mit einer Salzkruste. Das entzieht Flüssigkeit und konserviert.

Hase und Kaninchen

Mit wachsendem Niedlichkeitsgrad eines Tieres steigt häufig die Hemmschwelle, es zu verzehren. Hasen und Kaninchen sind dafür die besten Beispiele. Haben Sie schon mal vor einem Stall gestanden, während Ihre – wahrscheinlich weibliche – Begleitung einen spitzen Schrei ausstieß: «Och, ist der niedlich»? Dann wissen Sie, was ich meine.

Ich rate Ihnen dennoch dazu, das leichte Fleisch der süßen Hoppler zu kosten. Der Kenner findet Hasenfleisch am besten, wenn die Tiere noch nicht den zwölften Lebensmonat vollendet haben. Sie sehen das am kuscheligen Flaum des Bauchfells. Das Wildkaninchen schmeckt mit seinem weißen Fleisch deutlich würziger als das Hauskaninchen.

Bratenstücke: Zu Braten werden Rücken und die Keulen verwendet.
Hasenleber: Gilt unter Feinschmeckern als exquisite Delikatesse.
Hals und Bauchlappen: Als Ragout in deftiger Soße.

Wildgeflügel

Am Wasser und im Wald wird Jagd auf dieses Federvieh gemacht. Jungtiere sind der wahre Gaumenkitzel. Ältere Tiere haben zähes Fleisch und schmecken schnell mal tranig.

Rebhuhn: Legen Sie Wert auf junge Tiere, die durchschnittlich etwa 200 bis 250 Gramm schwer sind. An ihren dunkelgrauen Beinen und gerundeten Flügelspitzen erkennen Sie die älteren Vertreter.
Fasan: Diese Wildhuhnart wird überwiegend küchenfertig angeboten. Die Tiere stammen oftmals aus einer Zucht in Freigehegen.
Wildente: Wildenten, die der Jäger in ihrem ersten Jahr schießt, erfüllen alle geschmacklichen Ansprüche verwöhnter Gaumen. Flugenten werden auch als Stockenten und Krickenten bezeichnet.

Fleisch vom Besten
Tipps zu Einkauf, Transport und Lagerung

Kaufen Sie Fleisch nur beim Metzger Ihres Vertrauens. Leicht gesagt, aber woran erkennen Sie eigentlich einen glaubwürdigen Fleischverkäufer? Und an welchem Ort lagern Sie Ihr Qualitätsfleisch richtig? Ich verrate es Ihnen in diesem Kapitel.

Das kommt Ihnen in die Tüte
Worauf Sie beim Fleischeinkauf achten müssen

Sie wursten auch deshalb selbst, weil Sie wissen möchten, was in der Wurst steckt. Keine zweifelhaften Inhaltsstoffe sollen den Genuss trüben. Der Einkauf von sehr guten Fleischwaren bildet deshalb die Basis. Schon mit ein paar einfachen Tipps werden Sie zum «Fleisch-Facheinkäufer».

Gelier- und Verdickungsmittel, Konservierungsstoffe, Phosphate, Emulgatoren, Stabilisatoren, Farbstoffe, Nitritsalz, Säureregulatoren, Speisefettsäuren, Geschmacksverstärker, Glukosesirup, Rauch: Die Liste der Zusatzstoffe in Fleischprodukten ist lang. Auf die meisten davon können Sie getrost verzichten. Ein gutes Stück Fleisch und die richtige Menge Speck sind die Grundlagen. Kaufen Sie daher nur Qualität.

Auf Herz und Nieren prüfen

Ein einfaches Mittel, um die fachliche Kompetenz Ihres Metzgers zu testen: Fragen Sie ihn nach der Herkunft seiner Fleischwaren. Er kann Ihnen vielleicht nicht den Namen jeder einzelnen Kuh nennen. Aber Fleischereifachverkäufer, die etwas auf sich halten und gewissenhaft arbeiten, benennen ihre Lieferanten gerne. Gut, wenn der fleischerzeugende Betrieb in der Region liegt. Noch besser, es handelt sich um einen biologisch produzierenden Betrieb. Überzeugen Sie sich von der Richtigkeit der Angaben anhand eines Nachweises über den Aufzuchtbetrieb. Selbst mit dem Bio-Siegel wird bisweilen Schindluder getrieben.

Diese Vorsicht ist angebracht, denn Fleisch gehört zu den leicht verderblichen Lebensmitteln, die unter der Einhaltung strenger Hygienegesetze verarbeitet werden. Fleischkontrolle muss sein. Ein entsprechender Stempel auf dem Fleisch dokumentiert das Fleischbeschaugesetz. Es garantiert

Einkauf, Transport und Lagerung

Ihnen, dass der Schlachtkörper auf Herz und Niere geprüft wurde.

Das begutachtete Fleisch reift noch einige Zeit bei Ihrem Metzger im gekachelten, sauberen Kühlhaus. Denn nur ordentlich abgehangen ist es eine Gaumenfreude. Hier finden Kontrollen durch die Behörden gemäß der geltenden Hygieneverordnung statt.

Info

Warum Stress nicht schmeckt

Ein Blick auf die Auslagen der Metzgerei genügt: Liegt da blasses, wässriges Fleisch? Halten Sie sich beim Kauf zurück, hier handelt es sich um PSE-Fleisch: Pale = blass, Soft = weich, Exudative = wasserlässig. Sieht das Fleisch dunkel und leimig aus, fällt es unter die Bezeichnung DFD: Dark = dunkel, Firm = fest, Dry = trocken. Nicht lecker! Veränderungen in der Muskulatur von Schlachttieren hängen mit der Haltung zusammen. Sie können erblich, aber auch fütterungs- und stressbedingt sein. Wählen Sie lieber Fleisch mit frischem Aussehen und schöner Marmorierung.

Sensible Ware
Richtiger Umgang mit Frischfleisch

Rohes Fleisch ist die empfindlichste Zutat für Ihre Hausmacherwurst. Bakterien haben diesen Leckerbissen nämlich zum Vermehren gern. Zeigen Sie dem Verderb die kalte Schulter, im wahrsten Sinne des Wortes: Auf ausreichende Kühlung, Einhaltung der Hygienemaßnahmen und kurze Lagerzeiten kommt es jetzt an.

Sicher transportieren

Gut verpackt in Korb, Beutel, Rucksack oder in der Plastikwanne bringen Sie Ihr Frischfleisch sicher nach Hause. Trödeln Sie aber nicht!

Eine Kühltasche oder eine isolierende Tüte empfiehlt sich vor allem im Sommer, falls Sie einen langen Heimweg haben.

Kühl aufbewahren

Am besten kaufen Sie nur so viel Fleisch, wie Sie auf einmal verbrauchen können.

Besorgen Sie es frühestens einen Tag vor dem Wursten. Bis Sie loslegen, ruhen fleischige Zutaten ideal in einer Glasschüssel oder in einem Topf im Kühlschrank.

Kurz lagern

Nach Möglichkeit verarbeiten Sie die Fleischteile immer direkt. Die Lagerdauer roher Zutaten richtet sich außerdem nach der gewünschten Wurstsorte und reicht von schlachtwarmer, sofortiger Verwendung bis zu maximal fünftägiger Lagerung. Details entnehmen Sie den Rezepturen.

Einkauf, Transport und Lagerung

Ab durch den Wolf
Die richtigen Geräte zum Selberwursten

Ein Fleischwolf mit richtig scharfen Messern ist der Mittelpunkt Ihrer Wurstküche. Welche Ausstattung Sie darüber hinaus brauchen, zeige ich Ihnen in diesem Kapitel.

Technik, die beim Wursten begeistert
Diese Geräte benötigen Sie

Geräte und Zubehör zum Wursten

Geräte und Zubehör zum Wursten

Tatort Küche

Wurst aus eigener Küche – das bleibt kein leeres Versprechen. Denn der Produktionsraum für Ihre Wurst liegt mitten in Ihrer Wohnung, am heimischen Herd. Es wäre falsch zu behaupten, dass sich jede Nische zum Selberwursten eignet. Aber eine zweckmäßige Grundausstattung, bestehend aus Arbeitstisch, Herd mit mindestens zwei Platten (Durchmesser ca. 20 Zentimeter) und Spüle mit fließendem Wasser, genügt völlig.

Was Ihnen hilft:

Einige Verarbeitungsschritte stehen an, bevor aus gutem Fleisch und Speck schmackhafte Wurst wird. Ein Hexenwerk ist das aber nicht, sofern Sie sich mit den richtigen Küchenutensilien eingedeckt haben. Um zu Hause für die Lieben oder in einer fröhlichen Freundesrunde zu wursten, setzen Sie am besten auf diese Maschinen:

Fleischwolf

Das unbestrittene Alphatier unter Ihren Wurstgerätschaften besteht aus einer Standsäule und aus dem Gehäuse mit einer Transportschnecke. Diese dreht sich und transportiert das Fleisch, das durch einen Trichter gelassen wird, zu den Schneidzeugen. Die Messer rotieren, während die Lochscheiben feststehen. Erhältlich sind Scheiben von etwa zwei bis 14 Millimetern Größe. Diese Fleischzerkleinerungsmaschine sollte ein richtig scharfes Ding sein. Nur dann, wenn die Kreuzmesser und die Lochscheiben ordentlich geschliffen sind, wird das Fleisch geschnitten und nicht zerquetscht. Auf diese Weise beißt Ihr Fleischwolf richtig zu. Wir wollen schließlich eine homogene Fleischmasse und keinen schmierigen Brei produzieren.

> Ein **Handwolf** aus Gusseisen ist nicht so altmodisch, wie Sie vielleicht glauben. Für die häusliche Wurstproduktion empfehle ich ihn sogar. Am besten mit Messern und Scheibengrößen von zwei bis acht Millimetern. Lassen Sie ruhig mal die Muskeln spielen, statt auf Unterstützung aus der Steckdose zu bauen.

> Ein **Elektrischer Fleischwolf** braucht wenigstens einen 1000-Watt-Motor bei 230 Volt und sollte mit den bereits erwähnten Messer- und Scheibengrößen ausgestattet sein. Lohnt sich die Anschaffung? Ja, falls Sie häufig größere Wurstmassen produzieren. Dann scheuen Sie sich aber nicht, finanziell in eine robuste Ausführung zu investieren.

Für beide Geräte gibt es sogenannte Wurstfüllvorrichtungen, mit Füllrohrgrößen von etwa 15 bis 30 Millimetern Durchmesser. Damit sparen Sie sich die Anschaffung einer Wurstfüllmaschine. Trotzdem rate ich Ihnen aus technischen Gründen davon ab. Das Füllen mit dem Fleischwolf führt schon mal dazu, dass sich die Wurstmasse durch die rotierende Schnecke erwärmt. Wärmeschäden an der Grundmasse rächen sich anschließend prompt in minderer Wurstqualität.

Wolfstopfer

Wie gesagt, wenn Sie alles richtig gemacht haben, ist Ihr Fleischwolf ziemlich bissig. Bereit, alles zu zermalmen, was ihm zwischen die Messer gerät. Teile Ihrer Hand sollten natürlich nicht dabei sein.

Ein Wolfstopfer gehört deshalb zu den besten Versicherungen für Ihre Finger. Mit ihm wird das Fleisch in den Fleischwolf gedrückt. Seine Größe muss dem Fleischwolfmodell entsprechen, das garantiert einen reibungslosen Produktionsprozess.

Wurstfüllmaschine

Die Handfüllmaschine gibt es ab etwa zwei Litern Inhalt. Kleine Füller liegen auf dem Tisch, größere, ungefähr ab sechs Litern, stehen. Beide haben einen Zylinder zur Aufnahme der Wurstmasse. Mithilfe der Handkurbel drücken Sie darin einen Kolben nach unten. So gelangt die Wurstmasse durch Füllrohre in verschiedenen Größen, auch Füllhörnchen genannt, in den Darm. Der Zylinder schließt oben mit einem Deckel ab. Mit genau so einer Handfüllmaschine zog einst der Hausschlachter von Ort zu Ort.

Eine elektrische Füllmaschine brauchen Sie zum Wursten in den eigenen vier Wänden nicht. Die Menge Wurst für Ihren Hausgebrauch lässt sich ohne Muskelkater problemlos händisch bewältigen. Bei der Anschaffung sparen Sie so eine Menge Geld. Für eine elektronische Wurstfüllmaschine, wie sie Verwendung in der professionellen Herstellung findet, zahlen Sie deutlich mehr als für die Handfüllmaschine. Die Geräte, die Sie dafür bekommen, haben für Ihre Zwecke außerdem zu viel Füllkapazität. So viel Wurst, wie da rauskommt, können Sie kaum in angemessener Zeit verbrauchen. Und Sie wollen sich an den feinen Spezialitäten ja auch nicht irgendwann satt gegessen haben. Nutzen Sie lieber mal wieder Ihre Hände. Ihre Wurst dürfen Sie dann auch zu recht «handgemacht» nennen.

Handfülltrichter

Solch ein Gerät benutzen Sie, um zum Beispiel Sülzwürste oder Schwartenmagen in Sterildärme zu stopfen. Weiche Wurstmassen für Leber- und Blutwürste lassen sich damit ebenfalls leichter abfüllen. Je nach Darmkaliber benötigen Sie einen Satz Trichter (etwa vier Stück) von 20 bis 50 Millimetern Durchmesser. Mit der größeren Variante können Sie nicht nur Mägen befüllen, sondern auch Wurstgläser von kleinem Durchmesser. Damit zielen Sie wesentlich besser als mit einer Kelle, und lästiges Kleckern entfällt. Handfülltrichter bestehen, wie die Füllaufsätze, meist aus lebensmittelechtem Kunststoff und können problemlos in die Spülmaschine gesteckt werden. Praktisch, denn auf Hygiene und Sauberkeit müssen Sie bei der Wurstherstellung im eigenen Heim unbedingt achten.

Info

Kutter – ja oder nein?

Im Kutter, dessen Hauptbestandteil eine halb abgedeckte Schüssel ist, läuft eine Messerwelle. Darauf sitzen sichelförmige Messer. Die Schüssel dreht sich, und wenn die Messer nicht etwa den Schüsselboden berühren, hacken sie alles kurz und klein. Um ein einwandfreies Wurstprodukt zu erzeugen, braucht es auch hier scharf geschliffene Messer. Die sogenannten Tischkutter gibt es in Größen von drei bis zehn Litern. Sie werden hauptsächlich zur Herstellung von Brühwurst verwendet und sind für den Hausgebrauch nicht erforderlich. Der Altmeister-Hausschlachter zum Beispiel hat nie einen benötigt.

Praktische Helfer
Folgendes Zubehör erleichtert Ihnen das Wursten

Machen Sie sich bitte keine Umstände. Beim Selberwursten sollen Sie vor allem Spaß haben. Bis auf die wenigen Maschinen, die Sie speziell für Ihr neues Wursthobby anschaffen müssen, finden Sie die meisten Dinge bereits in Ihrer Küche. Hier erfahren Sie, worauf es dabei ankommt.

Hier geht es nicht darum, dass Sie Unsummen für die perfekte Wurstküche ausgeben. Was zählt, sind einige flinke Hände, die Ihnen beherzt helfen. Dazu ein Glas Wein oder Bier, und diese Küchenutensilien:

Schneidebrett Ab einer Größe von 600 x 400 x 30 Millimetern geeignet. Das Material (Holz, Plastik) spielt eine untergeordnete Rolle. Praktisch: die Ablaufrinne.

Messer Beim Wursten gibt es immer etwas zu schnippeln: Fleisch oder Zwiebeln etwa. Am besten kaufen Sie einen Dreier-Messersatz:
> **Kleines Ausbeinmesser** von ca. 12 Zentimetern.
> Ein **Blockmesser** von ca. 25 Zentimetern, zum Fleischschneiden und -würfeln.
> Ein **kleines Gemüseschälmesser** in handelsüblicher Ausführung.

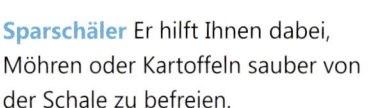

Sparschäler Er hilft Ihnen dabei, Möhren oder Kartoffeln sauber von der Schale zu befreien.

Messerschärfer Der Profi nennt ihn «Stahl»: ein 30 Zentimeter langer Stahlstab von etwa einem Zentimeter Durchmesser mit Holzgriff. Ohne diesen Stahl wäre das beste Fleischermesser wertlos, denn es muss ständig geschärft werden. Zum Schärfen setzen Sie die Messerklinge flach an den Stahl und ziehen sie in langen Strichen herunter.

Schüssel Darf auch eine Wanne sein, gleich welchen Materials. Hauptsache, es ist Platz darin zum Vermengen der Wurstmasse. Größe: 60 x 40 x 20 Zentimeter.

Kochtopf Den benötigen Sie zum Garen der Wurst. Achten Sie darauf, dass der Kochtopf genau auf die Herdplatte passt, damit die geforderte Gartemperatur erreicht wird. In einen Kochtopf mit einem Volumen von rund fünf Litern lassen sich etwa zehn Einkochgläser von ca. 200 Gramm stellen.

Kesselthermometer Prüft die Gartemperatur im Kochtopf. Die Skala reicht bis 110 °C. Im Handel für Fleischereizubehör oder im Internet erhältlich.

«Benutzen Sie gut geschärfte Messer. So schneiden Sie sicher.»

Seiher/Sieb Durchmesser 20 bis 30 Zentimeter, aus Stahl oder Kunststoff. Die Löcher sollten nicht größer als 3 Millimeter sein.

Fleischgabel Nützlich, um größere Fleischportionen zum Beispiel aus dem Garkessel zu befördern.

Rundschöpfkelle Etwa ein Liter Fassungsvermögen, zum Einfüllen der Wurstmasse in Gläser.

Teigschaber Aus Silikon oder Gummi. Holen Sie mit ihm das letzte bisschen Wurstmasse aus der Schüssel heraus.

Wurstheber Größe: 25 x 20 Zentimeter. Mit ihm angeln Sie die Würste aus dem Topf, ohne sich die Finger zu verbrennen.

Würstchenzange Gibt es aus Hartholz, Silikon oder Metall. Welche Sie nehmen, bleibt Ihnen überlassen. Damit können Sie die fertigen Würste drehen und wenden.

Rührbesen aus Draht. Er vermengt zum Beispiel Aspik, Wein oder Lake je nach Rezeptur für die Wurstmasse.

Messbecher Von ein bis zwei Litern Größe. Zum Abmessen und Beigeben von Zutaten und Flüssigkeiten in die Wurstmasse.

Bratpfanne Von ca. 20 Zentimeter Durchmesser, zum Anbraten von Zwiebeln und Fleischwürfeln für Pasteten oder Schmalztöpfe.

Pfannenwender Fleischstücke oder Zwiebeln bräunen dank ihm von beiden Seiten.

Küchenwaage Zum Abwiegen der Zutaten Gold wert – wenn sie aufs Gramm genau funktioniert.

Gewürzmühle Am besten mit einem Keramikmahlwerk ausgestattet, um verschieden harte Gewürze aromaschonend zu mahlen.

Wurstgarn Zum Abbinden der Würste im Darm. Eine typische Rolle von 200 Gramm entspricht etwa 50 Metern Garn.

Info

Woher nehmen ...?

Wenn Sie wissen möchten, wo Sie das ein oder andere Zubehör kaufen können, schauen Sie im Branchenbuch unter «Fleischereizubehör» nach. Im Fachhandel beziehen Sie alles bequem aus einer Hand. Kein Geschäft in Ihrer Nähe? Das Internet bietet eine gute Auswahl seriöser Händler.

Saubere Arbeit!

Gründliches Händewaschen ist in jeder Küche Pflicht. Das muss ich Ihnen nicht erklären. Es gibt weitere Hygieneregeln, die Sie beim Selberwursten unbedingt einhalten sollten. Reinigen Sie alle Geräte sauber von sämtlichen Resten der letzten Verwendung. Nur so wird die Haltbarkeit der selbst produzierten Wurst garantiert. Als Reinigungsbürste können Sie alles verwenden, was Borsten hat.

Mit heißem Wasser und Spülmittel putzen Sie das gesamte Zubehör. Auch den Fleischwolf, den Sie komplett in Einzelteile zerlegen (Kreuzmesser, Lochscheiben, Kurbel usw.). Vorsicht, dass Sie eine empfindliche Spüle nicht mit scharfkantigen Teilen zerkratzen.

Gefäßkunde
Glas oder Darm – wohin mit der Wurst?

Appetitlich brutzelt die selbst gemachte Bratwurst im Darm auf Ihrem Grill. Auf dem Brotzeitbrett liegt aufgeschnittene Blutwurst. Aber auch im Glas macht sich die Hausmacherwurst gut, zum Beispiel als selbst gemachtes Gastgeschenk. Ich gebe Ihnen Tipps für beide Abfüllverfahren. Entscheiden müssen Sie.

Zum Gleichessen oder zum Mitnehmen?

Bei vielen Rezepten in diesem Buch steht es Ihnen frei, die Wurstmasse in Gläser oder Därme abzufüllen. Alle Rezepturen wurden von mir entsprechend gekennzeichnet. So haben Sie die Möglichkeit, ein und dieselbe Sorte Wurst als Halbkonserve im Glas oder als Frischware im Darm herzustellen. Aus meiner Sicht haben beide Verfahren ihre Berechtigung:

Es gibt Wurstware, die im Glas eher untypisch wäre. Grillwurst zum Beispiel. Wurst im Darm sieht ursprünglich und rustikal aus, einfach zum Reinbeißen! Da sollte es kein Problem sein, dass sie zum sofortigen Verzehr gedacht ist. Gläser eignen sich wunderbar zur Bevorratung und zum Verschenken. Mal etwas anderes als die übliche Flasche Wein. Wurst im Glas spart auf Dauer sogar Geld: Sofern Sie sie nicht verschenkt haben, können Sie die Behältnisse immer wieder für neue Wurstsorten verwenden. Nach einem ordentlichen Spülgang, versteht sich.

Diese Symbole zeigen auf einen Blick, welches Gefäß Sie benötigen:

Die Wurst wird in Gläser abgefüllt.

Die Wurst lässt sich wahlweise in Gläser oder Därme abfüllen.

Die Wurstmasse wird in Därme abgefüllt.

Das Fleischbrät wird in einen Pastetentopf oder eine Form gefüllt.

Geräte und Zubehör zum Wursten

Info

Kunstdarm oder Naturdarm?

Meine Empfehlung: Verwenden Sie sterile Kunstdärme. Sterildärme sind luftdicht und erhalten das volle Aroma Ihrer Hausmacherwurst. Und Sie haben keine Probleme mit verdorbenem oder unsauberem Material. Entscheiden Sie sich dennoch für Naturdärme, oder eine Rezeptur empfiehlt deren Verwendung (Grillwürste!), so beachten Sie bitte Folgendes:

Zum Gelingen einer einwandfreien Wurst gehören immer einwandfreie Naturdärme. Schauen Sie genau hin: Es dürfen keine grauen, gelben, grünen, schwarzen oder blauen Verfärbungen an den Därmen zu sehen sein. Ferner sollten Sie auf Rostflecken achten. Wie riecht der Darm? Ein ranziger Geruch ist stets ein Ausschlusskriterium.

Achten Sie auf den «roten Hund»: So wird ein Darm bezeichnet, der einen Rot- bis leichten Violettstich angenommen hat. Er entsteht durch Bakterienbefall im Anfangsstadium. Einlegen und Spülen in einer Kochsalzwasserlösung können das Problem beseitigen.

Därme

Sterildärme Auch Kunstdärme genannt. Beachten Sie hier die in den Rezepten aufgeführten Symbole. So sehen Sie auf einen Blick, welches Kaliber, also welchen Durchmesser, Sie brauchen. Kaufen Sie am besten gleich ein sogenanntes Bund von etwa 25 Stück auf Vorrat.

Schweinedärme Selbst der Hobbywurster kann den Schweinedünndarm ganz leicht verarbeiten. Sie erhalten Schweinedarm im fertigen Bund von ca. 25 Metern.

Saitlinge Der Schafsdünndarm beherbergt die Nürnberger Rostbratwurst. Den Saitling können Sie ebenfalls im 25-Meter-Bund kaufen.

Saumagen Dazu gibt es eine einfache Rechnung: Ein Saumagen fasst etwa zwei Kilogramm Wurstmasse. Schmeckt nicht nur Pfälzern!

Salzen und Wässern

Naturdärme, so zum Beispiel Schweine-, Rinder-, Schafsdärme und Saumagen, werden durch Salzung haltbar gemacht. Deshalb legen Sie sie vor der Verarbeitung für etwa zehn bis 15 Minuten in lauwarmes Wasser ein. Übrig gebliebene gewässerte Därme wieder mit Kochsalz einsalzen und kühl lagern.

Wässern Sie Kunstdärme oder Sterildärme vor der Verwendung nach Anweisung des Herstellers bezüglich Zeit und Wassertemperatur. Von den übrig gebliebenen gewässerten Därmen schlagen Sie das Wasser ab. Danach trocknen sie an der Luft und sind dann zur Wiederverwendung geeignet. Alle kühlen und trockenen Orte können gut zur Aufbewahrung der Därme genutzt werden.

Geräte und Zubehör zum Wursten

Gläser

Wurstgläser gibt es in verschiedenen Größen. Für den Hausgebrauch empfehle ich etwa 200 Gramm Inhalt. Bei Großmutter hatte das Glas einen Bügelverschluss und einen gläsernen Deckel, der per Gummiring abgedichtet wurde. Den nostalgischen Charme möchte ich nicht leugnen. Heute sind Modelle mit Weißblechdeckel einfach praktischer. Sie schließen dicht, und den Deckel kaufen Sie bei Bedarf nach. Wurstgläser heißen «Sturzgläser», weil ihre gerade Wandung das Stürzen des Inhalts im Ganzen erlaubt. Sie erhalten solche Gefäße in gut sortierten Haushaltswarengeschäften oder im Internet. Es gibt sie in beliebiger Anzahl, für Großabnehmer sogar in Gebinden zu 500 oder 1.000 Stück.

Sonstige Gefäße

In diesem Buch lernen Sie Rezepte für Pasteten und Terrinen kennen. Köstliche hausgemachte Fleischwaren, die eine geeignete Verpackung verdienen. Gut, wenn Sie bereits entsprechende Keramikgefäße oder Steinguttöpfe in Ihrem Haushalt haben. Pastetenformen werden auch aus Edelstahl oder Porzellan gefertigt. Da wählen Sie einfach ganz nach Geschmacksempfinden aus. Alternative: Benutzen Sie handelsübliche Kastenformen für Kuchen oder Fleischkäseschalen aus Aluminium mit einer Größe von etwa 25 x 15 x 8 Zentimetern. Ein ganzer Satz von 25 bis 50 Stück garantiert, dass Ihnen der Festtagsschmaus nie ausgeht. Schmalz- und Brotaufstriche gehören übrigens nicht in Aluminium, sondern in Glas oder Steingut. Wichtig ist, dass Sie das Fassungsvermögen des gewählten Gefäßes kennen, damit Sie nicht zu viel oder zu wenig Pastetenmasse herstellen.

Für Schüsselsülze, Tellersülze und fleischige Salate greifen Sie einfach nach allem, was Ihr Geschirrschrank hergibt: tiefe Teller, Glasschüsseln, Dessertschalen usw.

> «Meine Wurst im Glas ist eine Halbkonserve mit begrenzter Haltbarkeit.»

Info

Kühl und trocken lagern

Ich garantiere Ihnen, alt wird sie nicht werden, die Wurst nach Altmeister-Hausschlachter-Art. Trotzdem sollten Sie ein Plätzchen einrichten, um sie kühl und trocken aufzubewahren. Der Kühlschrank oder ein sehr kühler Keller eignen sich bestens für selbst produzierte Wurst im Glas.

Pasteten, Schmalz, Brotaufstriche oder Sülzen gehören in den Kühlschrank, ebenso Würste im Steril- oder Naturdarm. Letztere können Sie natürlich genauso gut tiefgekühlt aufheben.

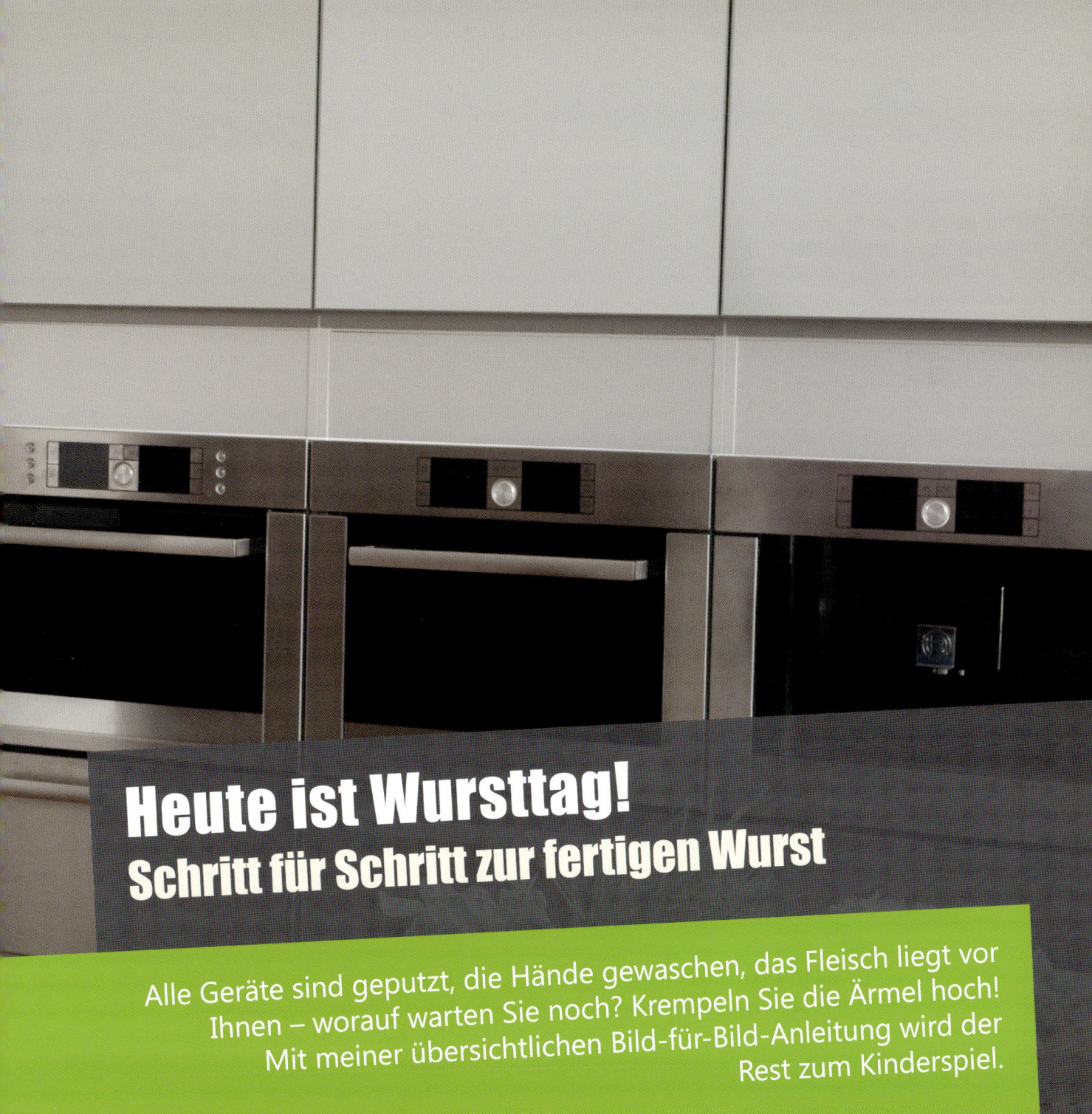

Heute ist Wursttag!
Schritt für Schritt zur fertigen Wurst

Alle Geräte sind geputzt, die Hände gewaschen, das Fleisch liegt vor Ihnen – worauf warten Sie noch? Krempeln Sie die Ärmel hoch! Mit meiner übersichtlichen Bild-für-Bild-Anleitung wird der Rest zum Kinderspiel.

Abgefüllt und zugedreht
So kommt die Wurst in die Pelle

Sie möchten sich an der Herstellung von Wurst im Darm versuchen? Prima, hier verrate ich Ihnen in ganz einfachen Schritten, wie's gemacht wird. Die Wurstküche ist eröffnet, legen Sie los!

Von nun an dreht sich alles um die Wurst. Zu zweit macht das Wursten übrigens doppelt so viel Spaß – und gelingt auch viel einfacher.

Das Befüllen von Kunstdärmen gestaltet sich für den Laien leichter als das Füllen von Naturdärmen. Dafür benötigen Sie schon etwas Fingerspitzengefühl, sonst platzen Darm- und Wurstträume. Sterildärme hingegen dürfen Sie ordentlich stramm füllen. Beim Abbinden ergeben sich ähnliche Unterschiede: Naturdärme sorgsam abdrehen, Kunstdärme richtig fest abbinden.

Wenn Sie Ihr Werk vollbracht haben, denken Sie daran: Bei Wurst handelt es sich um Frischware, die kühl gelagert und alsbald verbraucht werden muss.

Info

«Wurst case»?

Mit diesen Tipps lassen sich Pannen beim Selberwursten von Anfang an ganz leicht vermeiden:

- Der Zipfel der fertigen Wurst ist zu lang? Schneiden Sie ihn erst nach dem Erkalten ab, da sich der Darm hierbei noch etwas zusammenzieht. So verhindern Sie, dass der Wurstzipfel versehentlich in den Faden rutscht.
- Naturdärme nie gewaltsam abbinden, der Bindfaden könnte das Gewebe durchtrennen.

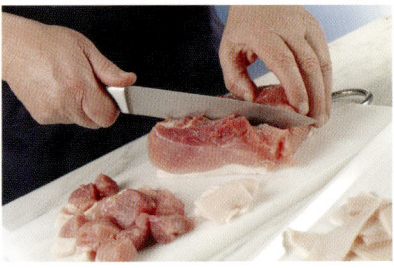

1. Das Fleisch mit einem scharfen Messer von Sehnen und Schwarten befreien, danach in Stücke schneiden.

2. Fleischstücke in eine Schüssel oder Schale füllen und Gewürze sowie Kochsalz nach Rezept hinzugeben. Alles gründlich vermengen.

Schritt für Schritt zur fertigen Wurst

3. Nun die passende Scheibe in den Fleischwolf einsetzen und das Fleisch durchdrehen. Die Wurstmasse anschließend mit den Händen auf Bindung verkneten.

4. Mit der Wurstfüllmaschine die Wurstmasse nicht zu prall, aber auch nicht zu locker in die Därme einfüllen, weil sie noch abgedreht werden müssen.

6. Den Naturdarm mit einem doppelten Knoten locker abbinden. Der Sterildarm wird hingegen stramm verknotet. Um den Knoten kräftig anziehen zu können, binden Sie ein Ende des Garnstücks ans Tischbein und legen die Schnur davon ausgehend gerade über den Tisch. Nun nehmen Sie das Ende eines bereits gefüllten Darms mit links vom Füllhorn und halten es gut zu. Ein längerer Zipfel macht es Einsteigern übrigens leichter, keine Masse aus der Pelle zu verlieren.

Das Wurstende auf den Anfang des gespannten Bindfadens legen, dabei weiter zudrücken, und mit der rechten Hand einen Knoten herumlegen. Diesen nun kräftig anziehen, dann erst das Wurstende loslassen und einen zusätzlichen zweiten Knoten darüber binden. Jetzt können Sie den nächsten gefüllten Darm mit etwas Abstand auf denselben Bindfaden legen und wie beschrieben fortfahren.

5. Abdrehen zu Würstchen: Den gefüllten Darm in gleichmäßigen Abständen mit Daumen und Zeigefinger zusammendrücken, so dass sich die Finger berühren. Dann zwei- bis dreimal nach rechts drehen, beim nächsten Stück nach links und so weiter.

7. Durch das Abbinden der Därme entsteht eine Wurstkette. Die Alternative: Einzelwürstchen oder Paare.

Brühwarm zur eigenen Wurst
So funktioniert das Garen

Steckt die Wurstmasse erst einmal im Darm oder im Glas, wird es heiß. Rohes Fleisch essen bekanntlich ja nur die Tataren. Also müssen Sie die Wurst jetzt garen. Aber verbrennen Sie sich nicht die Finger!

Die richtige Temperatur spielt eine wichtige Rolle für das Gelingen der Wurst. Die gefüllten Därme dürfen nicht vor Hitze platzen, aber auch nicht im Kern roh bleiben. Lassen Sie also das Kesselthermometer nicht aus den Augen. Die in den Rezepten angegebenen Garzeiten sind gute Richtwerte.

Sie brauchen die Würste vor dem Garen nicht abzuwaschen. Die Wurstbrühe ergibt eine schmackhafte Suppe, die Sie nach dem Garen aus der Wurstschüssel schwenken können. So gelangen selbst die letzten Stückchen Wurstmasse noch zu Ehren – statt in den Ausguss. Garen Sie viele Würste in einem Topf, verlängern Sie die Garzeit. Viele kalte Würste senken die Wassertemperatur im Kessel.

Heiß und kalt? Die Notfall-Tipps
Geht es im Kessel heiß her, ziehen Sie ihn schleunigst von der Herdplatte oder gießen kaltes Wasser hinzu. Eine Verlängerung der Garzeit wird nötig, wenn die Gartemperatur zu niedrig war. Lästige Luftblasen im Wurstdarm entweichen durch einen Nadelstich an der entsprechenden Stelle.

Garen im Darm

Garen Sie Wurst im Darm, gibt es einen weiteren Kniff, um zu verhindern, dass sie aufplatzt: das Fett von der Kochbrühe schöpfen. Denn Fett ist heißer als Wasser. Möchten Sie die Brühe später als Suppe genießen, heben Sie das Fett in einem geeigneten Gefäß auf. Nach dem Garvorgang wieder hineingeben, so sorgt es für reichhaltigen Geschmack.

1. Die gefüllten Würste werden im heißen Wasserbad gebrüht. Zwischendurch wenden, damit sie nicht einseitig durchgaren.

Schritt für Schritt zur fertigen Wurst

2. Prüfen Sie die Kesseltemperatur immer wieder mit dem Thermometer. So stellen Sie sicher, dass die Wurst im Inneren wirklich gar wird. Dann mit einem Seiher die Würste vorsichtig aus dem Topf heben, besonders bei Naturdärmen Sorgfalt walten lassen. Bitte nicht knicken, Platzgefahr!

Kochen im Glas

Herzhafte Wurstmasse wird im Glas gekocht und dabei schnittfest. Diese Verwandlung kommt durch die Bindung des Eiweißes zustande. Unter dem Einfluss der Wärme ballen sich die Proteine der Wurstmasse zusammen, wo sie vorher fein verteilt waren. Aus der breiigen Konsistenz wird so ein fester Block, den Sie im Ganzen aus dem Glas stürzen können.

Wichtig: Beim Garvorgang nimmt das Volumen der Wurstmasse noch einmal zu. Befüllen Sie daher die Gläser nie bis zum Rand, sonst quillt die Füllung über und der Verderb ist vorprogrammiert. Besser immer einen Fingerbreit zum Rand hin frei lassen.

3. Jetzt die Würste in warmes Wasser tauchen, um restliches Fett abzuspülen. Kunstdärme lassen Sie zunächst in lauwarmem, dann in kaltem Wasser abkühlen. So oft wiederholen, bis sich das Wasser nicht mehr durch die Würste erwärmt. Wurst danach breit auslegen und gelegentlich wenden, anschließend ab damit in den Kühlschrank.

Ganz schön pikant!
Wie Gewürze Ihre Hausmacherwurst verfeinern

Wurstmasse herstellen können die meisten. Bei der Gewürzmischung beginnt das Geheimnis Ihrer ganz persönlichen Wurstkreationen. Lernen Sie das verführerische Reich der Gewürze näher kennen!

Der Geruch der Macht
Eine kleine Würzgeschichte

Sie besitzen nur Salz und Pfeffer? Das wird sich ändern. Der Duft des Orients, vermischt mit einem Hauch von Abenteuer und einer Brise Fernweh – all das strömt Ihnen aus dem Gewürzregal entgegen. Lassen Sie sich von mir mit auf die Reise nehmen und lernen Sie, die Würzvielfalt zu nutzen.

Der Gewürzhandel ist ein alt überlieferter Handelszweig. Blut, Schweiß und Tränen haften seiner Geschichte an, die bereits vor Christi Geburt begann. Denn der Handel und Besitz von Gewürzen war stets von großem Reichtum und herrschaftlicher Macht geprägt.

Im zweiten Jahrtausend vor Christus betrieben die Phönizier eine große Handelsschifffahrt mit Gewürzen. Sie waren echte Propagandameister und verstanden es, durch immer wiederkehrende Horrormeldungen andere Kaufleute aus dem Geschäft herauszuhalten. So bestimmten allein sie die unvorstellbar hohen Preise und wurden dabei sehr reich. Die im wahrsten Sinne des Wortes gepfefferten Ausgaben für seine Feldzüge konnte Alexander der Große (356 bis 323 v. Chr.) nur mit dem Gewürzhandel begleichen: Durch die Eroberung von Persien und Indien kontrollierte er den Pfefferhandel.

Auch für den portugiesischen Seefahrer Vasco da Gama hörte beim Gewürzkauf die Freundschaft auf: Als er 1504 Vizekönig von Ostindien wurde, vertrieb er mit unvorstellbarer Grausamkeit alle arabischen Gewürzhändler, um deren Monopol zu übernehmen. Mit den gigantisch hohen Gewinnen aus dem Gewürzhandel bezahlte der Augsburger Kaufmann Jakob Fugger die Kriege von Kaiser Karl V. und baute darüber hinaus noch zahlreiche Kirchen, Paläste sowie seine berühmte Fuggerei.

Gewürze

«Der Geschmack eines Gewürzes entsteht durch ätherische Öle.»

Im Ernst: Zu einer abwechslungsreichen Küche gehören Gewürze nun einmal dazu wie das Salz in der Suppe. Was wären der Rheinische Schwartenmagen oder eine leckere Bolheimer Mettwurst ohne ihre ganz spezielle Würzung? Entdecken Sie die vielfältigen Aromen mithilfe meiner kleinen Gewürzkunde. Experimentieren Sie nach Herzenslust – aber hüten Sie sich davor, Ihre Hausmacherwurst zu überwürzen. Schließlich haben Sie auch hervorragendes Fleisch und feinen Speck verarbeitet, und das darf man ruhig schmecken.

Gewürzlich – Zärtlich

Würze mit Freude – Würze mit Liebe
Dein Zünglein sollst spüren
Dein Herzlein pulsieren
Ich bin edel und fein
Scharf und süß
Sei lieb zu mir
Ich dank es dir

Gestatten, ich bin scharf
Ihre Gewürze stellen sich vor

Sie wollen Ihrer Hausmacherwurst eine ganz persönliche Geschmacksnote verleihen? Endlich weg vom Einheitsaroma aus dem Kühlregal? Dann schließen Sie Bekanntschaft mit den folgenden Gewürzen. In ihrer Gesellschaft schmeckt's garantiert nie langweilig.

Currypulver
Ich bin > aromatisch, mal scharf, mal mild und bestehe aus Pfeffer, Ingwer, Paprika, Kardamom, Nelken, Koriander, Kümmel, Muskat, Piment, Zimt. Vom Kurkuma bekomme ich mein typisches Aussehen.

Für > Lamm-, Kalb-, Hackfleisch, Geflügel, Eiersalat, Mayonnaise, Remoulade, Reisgerichte, Gemüse, Obst, Fisch, Krabben, Muscheln.

Cayennepfeffer = Chilischoten
Ich bin > sehr scharf.
Für > Schweine-, Lamm-, Hackbraten, Gulasch, Ragout, Fleischsaucen, Pasteten, Tatar, Eintöpfe, Linsen, Bohnen, Fischsuppen.

Kardamom
Ich bin > stark, würzig.
Für > Lammgerichte, Leberknödel, Wurstwaren, Reisgerichte, Kompott, Gemüse, Spargel, Erbsen, Gurken, Fischsuppe, Krustentiere, Fruchtspeisen, Früchte, Kuchen, Getränke.

Ingwer
Ich bin > kräftig, würzig, aromatisch.
Für > Wildgerichte, Suppen, Saucen, Marinaden, Fisch, Eingemachtes, Früchte, Rumtopf, Obst, Gemüse, Pilze, Leb-, Pfefferkuchen, süßen Auflauf.

Gewürze

Knoblauch
Ich bin > stark, würzig.
Für > Fleischwaren, Lamm-, Hackbraten, Saucen, Suppen, Fische, Salate, Gemüse, Fondue, Quark, Kräuterbutter, Eintöpfe, Zucchini.

Kümmel
Ich bin > stark, würzig.
Für > Schweinebraten, Wurstwaren, Suppen, Sauerkraut, Kohl, Rote Bete, Kartoffeln, Fisch, Käse, Brot.

Muskatnuss
Ich bin > aromatisch, mild scharf.
Für > Fleischwaren, Suppen, Saucen, Geflügel, Frikassees, Fisch, Spinat, Kartoffelbrei, Auflauf, Rosenkohl, Wirsing, Karotten, Nudelgerichte, Obst, Milchgetränke, Gebäck.

Koriander
Ich bin > aromatisch, würzig, scharf.
Für > Schweinebraten, Wurstwaren, Gulasch, Geflügel, Eintöpfe, Kartoffel-, Krautgerichte, Gebäck, Früchte, Kompott, Printen, Lebkuchen.

Macis/Muskatblüte
Ich bin > aromatisch, fein würzig.
Für > Gebäck, Fleischgerichte, Wurstwaren.

Nelken/Nelkenpfeffer = Piment
Ich bin > stark, würzig.
Für > Blutwurst, Sauerbraten, Saucen, Ragouts, Wildgerichte, Fisch, Süßspeisen, Gemüse, Obst, Pilzgerichte, Backwaren, Punsch, Glühwein.

Gewürze

Weißer Pfeffer
Ich bin > aromatisch scharf, würzig, extrem vielseitig.
Für > Fleischwaren, Braten, Hackfleisch, Steaks, Lamm, dunkle Saucen, Suppen, Fisch, Gemüse, Salate, Eintöpfe.

Schwarzer Pfeffer
Ich bin > etwas robuster als mein weißer Kollege.
Für > Fleischwaren, Braten, Hackfleisch, Steaks, Lamm, weiße Saucen, Suppen, Fisch, Gemüse, Salate, Eintöpfe.

Paprika
Ich bin >
Delikatess-Paprika = sehr mild
Edelsüßer Paprika = mild
Halbsüßer Paprika = mittelscharf
Rosenpaprika = scharf
Scharfpaprika = sehr scharf
Für > Gulasch, Schnitzel, Hammel, Huhn, Saucen, Suppen, Reisgerichte, Gemüse, Fischsuppen, Käse, Gebäck.

Rosmarin
Ich bin > stark aromatisch, würzig.
Für > Braten, Wild, Lamm, Geflügel, Fisch, Suppen, Saucen, Salate, Pilze, Teigwaren, Gebäck.

Vanille
Ich bin > aromatisch.
Für > Leberwurst, Saucen, Süßspeisen wie Eis, Pudding oder Kuchen.

Senfkörner
Wir sind > aromatisch
Für > Fleischwaren, Marinaden, Ragout, Mayonnaise, Salate.

Thymian
Ich bin > aromatisch, würzig, bitter.
Für > Fleischwaren, Wild, Geflügel, Saucen, Eintöpfe, Gemüse, Rohkost, Kartoffeln, Pilze, Tomaten, Eier.

Gewürze

Majoran
Ich bin > aromatisch, würzig, süßlich.
Für > Fleischwaren, Schweinebraten, Gänse-, Entenbraten, Saucen, Leberknödel, Pilze, Wildragouts, Suppen (z. B. Kartoffelsuppe), Salate, Gemüse, Kräuterkäse und -mayonnaise.

Wacholder
Ich bin > würzig, süß.
Für > Fleischwaren, Sauerbraten, Wild, Sülzen, Saucen, Marinaden, Fischsud, Sauerkraut, Rot-, Weißkohl, Rote Bete, Maibowle.

Zimt
Ich bin > kräftig, würzig.
Für > Sauerbraten, Wild, Kompott, Süßspeisen, Reis, Zimtsterne, Apfelmus, Gebäck, Gurken, Rotkohl, Tee, Glühwein.

Zwiebel
Ich bin > lauchartig, scharf, vielseitig.
Für > Braten, Fisch, Saucen, Suppen, Pilze, Salate, Gemüse, Kartoffeln, Käse und vieles mehr.

> «*Jährlich werden rund 86.000 Tonnen Gewürze nach Deutschland importiert. Spitzenreiter ist der Pfeffer.*»

Info

Lichtscheu und flüchtig

Gewürze sind recht empfindliche Gesellen. Damit ihr flüchtiges Aroma Ihnen möglichst lange treu bleibt, nutzen Sie am besten Gewürzdosen. Darin können Sie übrig gebliebene Gewürze eine ganze Weile aufbewahren.

Materialien wie Stahl oder Porzellan, die kein Licht durchlassen, eignen sich dafür besser als Glas. Falls Sie jedoch einige alte Gläser vorrätig haben, füllen Sie die Gewürze hinein und lagern diese in einem dunklen und trockenen Küchenschrank.

Alles hausgemacht!
Meine Rezepte zum Selberwursten

Jetzt, wo Sie wissen, worauf es beim Wursten ankommt, präsentiere ich Ihnen 55 leckere Rezepte. Da finden Sie bestimmt für jeden Geschmack das Richtige!

Das Erfolgsrezept
Einige Vorbemerkungen zum Naturprodukt Wurst

Sie können aus allem eine Wissenschaft machen, selbstverständlich auch aus dem Selberwursten. Doch so weit möchte ich nicht gehen. Wurst nach Altmeister-Hausschlachter-Art schmeckt nicht nach komplizierter Herstellung. Sie überzeugt mit natürlichem Geschmack. Genießen Sie einfach!

Früher war alles ganz leicht: Der Altmeister-Hausschlachter konnte keine große Auswahl treffen, welchen Schweinebauch oder Schweinekamm er zum Wursten hernehmen würde. Nein, er musste verbrauchen, was vom geschlachteten Schwein übrig blieb. Ob eine Wurst etwas fetter oder magerer wurde, spielte damals keine Rolle. Entscheidend waren die natürliche Qualität und der optimale Geschmack. Diesen Pragmatismus finden Sie in den hier aufgeführten Rezepturen wieder. Warum sollten wir das Erfolgsrezept ändern? Wird in einer Rezeptur «Schweinebauch» oder «Schweinebauch mager» verlangt, reicht das zur Orientierung völlig. Ich spreche bewusst keine Empfehlung aus, die Fett- und Mageranteil des Fleisches umständlich in Prozenten darstellt. Gute Wurst wird ja nicht mit dem Taschenrechner gemacht.

Geschmacksträger Nummer zwei

Jede Wurst hat ihren eigenen Charakter. Einzig die hohe Qualität der hier vorgestellten Fleischprodukte bleibt immer dieselbe. Und obwohl Fett bekanntlich als Geschmacksträger Nummer eins gilt, sorgen auch andere Zutaten für einen feinen Geschmack. Zum Beispiel die Gewürze in ihren unterschiedlichen Mengen und Verarbeitungen.

Abfüllen: Darm oder Glas

Bei vielen Rezepten entscheiden Sie selbst, ob Sie Ihre Wurst im Glas oder im Darm haben möchten. Die Vorteile beider Verfahren kennen Sie mittlerweile. Achten Sie nun einfach auf folgende Symbole:

Entdecken Sie bei einem Rezept dieses Symbol, füllen Sie die jeweilige Wurstmasse in Gläser ab. Viele Arbeitsschritte brauchen Sie dafür nicht, und die Gefäße lassen sich prima auf Vorrat lagern. So gelingt die Herstellung kinderleicht.

 Bei Rezepten mit diesem Symbol gehört die Wurstmasse in den Darm. Das ist der Fall, wenn Sie die Wurst nach dem Abfüllen noch weiter verarbeiten, zum Beispiel beim Grillen. Da sind Gläser hinderlich, ein essbarer Schweindarm bildet hingegen die erste Wahl.

 Sehen Sie Glas und Darm, entscheiden Sie selbst, wie Sie Ihre Wurst abfüllen möchten. Probieren Sie doch einfach beides aus!

Auf das richtige Kaliber kommt es an

Bei jedem Rezept, für das Därme benötigt werden, finden Sie Angaben zur Größe des Darms. In Kapitel 3 habe ich Ihnen bereits erzählt, dass es verschiedene Därme gibt. Und das passende Kaliber, also der Durchmesser, spielt eine wichtige Rolle. Damit das Endprodukt nachher genauso aussieht, wie Sie sich das vorstellen.

 Neben der deftigen Wurst für Darm und Glas zeige ich Ihnen in diesem Buch noch weitere Spezialitäten, zum Beispiel Pasteten oder Brotaufstriche. Diese erkennen Sie immer am Topf-Symbol. Halten Sie danach Ausschau, und Sie bekommen eine Gaumenfreude der Extraklasse.

Drum prüfe, ob sich's richtig bindet

Unser «Wurstteig» muss vor der Weiterverarbeitung durchgemengt werden, bis er gut bindet. Aber was bedeutet das? Das gewolfte Material, also Speck und Fleisch, muss sich zu vielen kleinen Teilchen vereinen. Wenn alle Zutaten so richtig aneinander kleben, ist gewährleistet, dass die Wurst beim Anschnitt nicht zerfällt. Bei einer guten Bindung der Masse setzt die fertige Wurst außerdem weniger Fett ab.

Info

Natur pur

 Die Wurst in den hier vorgestellten Rezepten kommt ohne Nitritpökelsalz aus. Deshalb findet keine Umrötung statt. Lassen Sie sich nicht verunsichern, die Wurst sieht dadurch etwas anders aus als die üblicherweise im Handel angebotene Ware. Stattdessen ist sie ein reines Naturprodukt. Denn der Altmeister-Hausschlachter verwendete keinerlei chemische Zusatzstoffe.

Brühwurst wie Bockwürstchen und schnittfeste Rohwurst wie Salami suchen Sie in diesem Buch vergeblich. Warum? Ganz bewusst verzichte ich auf chemische Zusatzstoffe wie Phosphat oder Nitrit. Sie stehen nämlich im Verdacht, Ihrer Gesundheit zu schaden.

Aus demselben Grund wird auch keine Räucherwurst zum Selbermachen vorgestellt, denn das Holz setzt beim Räuchern giftige Dämpfe frei. In diesem Buch finden Sie nur Wurstsorten, die ohne ungesunden Schnickschnack hergestellt werden können. Genießen Sie Ihre Wurst also mit gutem Gewissen.

Mit Leib und Leber
Leberwurst mit Frischekick

Keine Hausschlachtung ohne Leberwürste, so war das in meiner Jugend. Mit noch warmer Leber ging es zur Sache. Mehr Frische ist einfach nicht drin. Die Zeiten haben sich geändert, aber auf selbst gemachten Wurstgenuss mit feinem Lebergeschmack müssen Sie deshalb nicht verzichten.

So gelingt es

Meines Wissens ist noch kein Wurstmeister vom Himmel gefallen. Und als reines Naturprodukt sieht die selbst gemachte Wurst nicht immer gleich aus. Auch Erfahrung spielt in der Wurstküche eine Rolle. Keine Sorge, die haben Sie schnell. Einige typische Fehler können Sie bis dahin mit meinen Tipps vermeiden:

Fleckenfrei

Leberwürste mit dunklen Flecken zeigen Ihnen, dass Sie zu viel mageres Fleisch verarbeitet haben. Verändern Sie die Rezeptur, indem Sie etwas mehr durchwachsenes oder etwas fetteres Fleisch hinzufügen. Ein anderer Grund: Das Wurstgut wurde zu warm gelagert. Achten Sie in Zukunft auf die erforderliche Kühlung.

Gut durch

Bei Leberwurstsorten tritt ein rötlicher Kern immer nach der Verarbeitung von sehr viel rohem Fleisch auf. Roh verarbeitetes Fleisch braucht nämlich eine längere Garzeit. Im Falle eines grünen Wurstkerns gilt das Gleiche: Sie werden damit keine Probleme haben, wenn Sie sich genau an die in meinen Rezepten ausgewiesene Garzeit halten.

Nachträglich retten

Bei saurem Geschmack liegt die Ursache in einer zu niedrigen oder zu kurzen Garzeit. Stellen Sie direkt nach dem Garen fest, dass Sie sich in der Zeit vertan haben, können Sie die Wurst durch Nachgaren bei voller Garzeit und Gartemperatur retten. Lagert die Wurst schon länger, ändert diese Maßnahme aber nichts mehr.

Kühles gegen Saures

Leberwürste sind sehr säureanfällig. Lagern Sie deshalb Ausgangsfleisch und Leber vor der Zubereitung im Kühlschrank und verarbeiten Sie sie

Leberwurst – Rezepte

frisch. Darüber hinaus dürfen im Garkessel nicht zu viele Würste schwimmen. In der Mitte des Topfes kommt sonst eventuell nicht genug Hitze an. Infolge der zu niedrigen Gartemperatur beginnt die Wurst dann schnell zu säuern.

Herzhafter Geschmack

Leberwurst schmeckt fade, wenn das vorgegarte Fleisch bei oder nach der Herstellung in zu kaltes Wasser gelegt wurde. Also die Zutaten bitte nicht – wie etwa Nudeln – abschrecken!

Mit Geduld garen

Die Wurst badet im Kessel. Das haben Sie schon mal geschafft, und sofort stoppen Sie die Zeit. Nicht so eilig! Gedulden Sie sich noch einen Moment. Die tatsächliche Garzeit beginnt erst, nachdem die für das jeweilige Rezept vorgesehene Wassertemperatur erreicht wurde. Halten Sie sich deshalb mit einem Thermometer über die Kesseltemperatur auf dem Laufenden. Seien Sie jetzt ganz genau: Die Zeit wird erst gemessen, wenn die entsprechende Gartemperatur herrscht.

Info

Kochwürste

Blut- und Leberwurst sind klassische Kochwürste. Bei der Herstellung werden die Grundzutaten (Fleisch, Speck) bereits vor dem Wursten gekocht. Die abgefüllte Wurst gart dann ein zweites Mal. Nach einer Hausschlachtung wurde Kochwurst stets als erste hergestellt, denn man verbrauchte das Fleisch und die Zutaten schlachtwarm. Selbst wenn das für den Hobbykoch von heute kaum möglich ist, gehört eine ordentliche Kochwurst zu den Meisterstücken des Selberwurstens. Das hängt auch damit zusammen, dass herkömmliche Metzgereien oft nur ein spärliches Angebot an Kochwürsten führen.

Häufig stellt sich der Verbraucher angesichts von Kochwürsten die bange Frage, was darin wohl alles verwurstet wurde? Von jetzt an grübeln Sie nicht mehr. Wer nach meinen Rezepten wurstet, hat nichts zu verbergen – außer, Sie möchten das köstliche Ergebnis nicht teilen.

Delikatess-Leberwurst
Der Klassiker unter den Streichwürsten

Zutaten:

1.500g frischer Schweinekamm
1.500g frischer Schweinebauch
500g frischer fetter Speck
1.000g frische Schweineleber
200g frische Schweineschwarten
300g Zwiebeln
50g Butter, 90g Kochsalz
10g schwarzer gem. Pfeffer
5g Majoran
2,5g Macis (Muskatblüte)
2,5g Piment, 2,5g Ingwer

Zubereitung:

Schweinekamm, Schweinebauch und Speck werden leicht angekocht. Die Schwarte entfernen und alles gleichmäßig durch die Zwei-Millimeter-Scheibe des Fleischwolfes drehen. Das Fleisch in eine große Schüssel oder in eine Wanne geben und mit den Gewürzen, aber ohne Salz, gut vermischen.

Zwiebeln schälen, hacken und in Butter glasig dünsten. Die Schwarten gar kochen und samt Zwiebeln ebenfalls durch die feine Scheibe des Fleischwolfes lassen. Diese Schwartenmasse unters Fleisch mischen.

Die Leber in grobe Stücke schneiden, mit dem Salz vermischen und zweimal durch die feine Zwei-Millimeter-Scheibe des Fleischwolfes drehen. Mit der Fleischmasse vermengen. Dabei auf möglichst gute Bindung achten. Fein abschmecken, fertig.

ca. 25 Einkochgläser à 200g mit Schraubverschluss oder ca. 25 Kunstdärme Kaliber 60/50.

Die Gläser kurz in warmes Wasser eintauchen, Wurstmasse einfüllen, Oberfläche glatt streichen. Zwischen Wurst und Deckelrand etwas Luftraum freilassen, damit sich die Wurstmasse beim Kochen ausdehnen kann. Die Gläser bei 100 °C 70 Minuten kochen.

Die Därme so füllen, dass sie prall sind, aber nicht platzen. Anschließend zu Würsten abbinden und bei 80 °C 60 Minuten garen.

In handwarmem Wasser abkühlen lassen und im Kühlschrank oder Keller aufbewahren.

Leberwurst – Rezepte

Landleberwurst
Die Leckere vom Dorfe

Zutaten:

**1.500g Schweineleber
1.000g durchwachsenes Schweinefleisch (Schulter, Hals)
1.000g Kopffleisch
1.500g Rückenspeck
500g Zwiebeln
10g weißer Pfeffer
5g Majoran
5g Piment
1 EL flüssige Würze
120g Kochsalz**

Zubereitung:

Zunächst das Schweine- und Kopffleisch in einem Topf mit etwas Salz schnittfest garen. Dann die Zwiebeln klein hacken und in der Pfanne schmoren lassen.

Der Rückenspeck wird zu kleinen Würfeln geschnitten und in kochendem Wasser gebrüht.

1.000 Gramm der Schweineleber roh zweimal durch die feine Scheibe des Fleischwolfes drehen. Die restliche Leber (500 Gramm) in kleine Stücke schneiden und mit kochendem Wasser überbrühen.

Durch die mittlere Scheibe des Fleischwolfs das Schweine- und Kopffleisch mit den Zwiebeln drehen. Diese Masse mit den übrigen Zutaten ordentlich vermengen. Gewürze und Kochsalz zum herzhaften Abschmecken nehmen.

Altmeister-Leberwurst
Der Stolz aller Fleischer

Zutaten:
2.000g frische Schweineleber
2.000g frische Schweinebacken
1.000g Schweineschulter
200ml abgekochte Milch
90g Kochsalz, 10g weißer Pfeffer
3g Muskatblüte
2,5g Koriander
2,5g Ingwer
4g gehackte Petersilie

Zubereitung:
Schweinebacken, Schweineschulter in Stücke schneiden und in siedendem Wasser gut durchbrühen. Danach von den Schwarten und Sehnen befreien und durch die Zwei-Millimeter-Scheibe des Fleischwolfes drehen. Die in Streifen geschnittene Schweineleber kurz anbrühen, mit dem Kochsalz vermengen und zweimal durch die feine Scheibe des Fleischwolfes geben.

Die gesamte Masse mit Gewürzen, gehackter Petersilie und abgekochter Milch, noch handwarm, zu einer gut bindenden Masse vermischen.

Für beide Rezepte gilt:

ca. 25 Einkochgläser à 200g mit Schraubverschluss oder ca. 25 Kunstdärme Kaliber 60/50.

Die Gläser kurz in warmes Wasser eintauchen, Wurstmasse einfüllen, Oberfläche glatt streichen. Zwischen Wurst und Deckelrand etwas Luftraum freilassen, damit sich die Wurstmasse beim Kochen ausdehnen kann. Die Gläser bei 100 °C 70 Minuten kochen.

Die Därme so füllen, dass sie prall sind, aber nicht platzen. Anschließend zu Würsten abbinden und bei 80 °C 60 Minuten garen.

In handwarmem Wasser abkühlen lassen und im Kühlschrank oder Keller aufbewahren.

Kalbsleberwurst
Mit feinen Gewürzen

Zutaten:

**500g frische Kalbsleber
1.000g frische Schweineleber
2.500g Schweinebauch
1.000g Schweineschulter
2 große Zwiebeln
50g Butter
80g Kochsalz
10g weißer Pfeffer
3g Muskatblüte
2,5g Ingwer
1,5g Rosmarin
2g Kardamom
1g Zimt
5g Vanillezucker**

Zubereitung:

Die Leber in etwa 10 Zentimeter große Streifen schneiden. Diese sorgsam unter schwach fließendem kaltem Wasser wässern. Danach säubern. Zwiebeln schälen und in kleine Würfel schneiden, in Butter leicht schmoren.
Den Schweinebauch und die Schweineschulter in Stücke zerlegen und in siedendem Wasser gut durchbrühen. Nun die Schwarten und Sehnen entfernen. Bauch und Schulter durch die feine Scheibe des Fleischwolfes drehen.

Die Zwiebeln und das Kochsalz mit den Leberstreifen vermengen und zweimal durch die feine Scheibe des Fleischwolfes lassen.

Das Schweinefleisch mit der Leber und den Gewürzen gut vermengen, dabei auf die nötige Bindung achten. Alle Zutaten sollen einen gleichmäßigen Teig ergeben. Gerät die Masse versehentlich zu fest, hilft Ihnen dieser Tipp: Mengen Sie einfach etwas von der Kesselbrühe bei.

Info

Das gewisse Etwas

Die Altmeister-Kalbsleberwurst zeichnet sich ja bereits durch die ausgewogene Verwendung erlesener Gewürze aus. Doch auch hier kann ich Ihnen einen ganz einfachen Kniff verraten, um noch mehr aus dieser Delikatesse herauszuholen: Wenn Sie die Zwiebeln dünsten, geben Sie zum Schluss eine Prise Muskatblüte (Macis) hinzu. Sie sollte aber keinesfalls länger als eine Minute in der Pfanne schmoren, weil sie sonst bitter wird.

ca. 25 Einkochgläser à 200g mit Schraubverschluss oder ca. 25 Kunstdärme Kaliber 60/50.

Die Gläser kurz in warmes Wasser eintauchen, Wurstmasse einfüllen, Oberfläche glatt streichen. Zwischen Wurst und Deckelrand etwas Luftraum freilassen, damit sich die Wurstmasse beim Kochen ausdehnen kann. Die Gläser bei 100 °C 70 Minuten kochen.

Die Därme so füllen, dass sie prall sind, aber nicht platzen. Anschließend zu Würsten abbinden und bei 80 °C 60 Minuten garen.

In handwarmem Wasser abkühlen lassen und im Kühlschrank oder Keller aufbewahren.

Rezepte – Leberwurst

Trüffelleberwurst
Leckerbissen für Gourmets

Zutaten:

1.500g frische Schweineleber
900g Schweineschulter
900g Kalbsschulter
1.700g gut durchwachsener Schweinebauch
2 große Zwiebeln, 50g Butter
90g Kochsalz, 10g weißer Pfeffer
3g Ingwer, 3g Muskatblüte
20g Périgord-Trüffel

Zubereitung:

Die gesäuberte Schweineleber in Streifen schneiden und leicht in siedendem Wasser anbrühen. Zwiebeln schälen und in kleine Würfel schneiden, in der Butter leicht schmoren.

Die Schweine- und Kalbsschulter ebenso wie den Schweinebauch in Stücke schneiden und in siedendem Wasser gut durchbrühen. Anschließend von den Schwarten und Sehnen befreien und durch die feine Scheibe des Fleischwolfes drehen. Die Leber wird mit den Zwiebeln und dem Kochsalz vermengt und zweimal durch die feine Scheibe des Fleischwolfes gegeben.

Den edlen Périgord-Trüffel in kleine Würfel schneiden, das Schweinefleisch und die Leber zugeben und alles gut vermengen. Dabei auf eine gute Bindung achten.

Für beide Rezepte gilt:

ca. 25 Einkochgläser à 200g mit Schraubverschluss oder ca. 25 Kunstdärme Kaliber 60/50.

Die Gläser kurz in warmes Wasser eintauchen, Wurstmasse einfüllen, Oberfläche glatt streichen. Zwischen Wurst und Deckelrand etwas Luftraum freilassen, damit sich die Wurstmasse beim Kochen ausdehnen kann. Die Gläser bei 100 °C 70 Minuten kochen.

Die Därme so füllen, dass sie prall sind, aber nicht platzen. Anschließend zu Würsten abbinden und bei 80 °C 60 Minuten garen.

In handwarmem Wasser abkühlen lassen und im Kühlschrank oder Keller aufbewahren.

Leberwurst – Rezepte

Falsche Trüffelwurst
Kerniger Speckgenuss

Zutaten:

2.500g frische Schweineleber
2.500g frischer fetter Speck ohne Schwarte
4 große Zwiebeln
80g Kochsalz
12g gem. schwarzer Pfeffer
3g Nelken
2g Muskatnuss

Zubereitung:

Die frische Schweineleber in Streifen schneiden, gut wässern und säubern. Die Zwiebeln schälen und klein hacken, mit Leber und Kochsalz vermengen und zweimal durch die feine Scheibe des Fleischwolfes drehen.
   Den kernigen, frischen fetten Speck in kleine Würfel schneiden, in siedendem Wasser kurz anbrühen. Mit den Gewürzen und den übrigen Zutaten gut vermischen, bis eine gleichmäßige Bindung entsteht.

Gutsleberwurst
Nicht nur für Gutsherren

Zutaten:

2.000g Schweineschulter
1.500g frische Schweineleber
700g frischer magerer Schweinebauch
500g frischer fetter Speck
300g Zwiebeln
50g Butter, 90g Kochsalz
10g gem. weißer Pfeffer
5g Ingwer, 5g Majoran
5g Muskat, 2,5g Kardamom

Zubereitung:

Schweineschulter, Schweinebauch und Speck werden leicht angekocht, die Schwarten anschließend entfernt. Den Schweinebauch samt Speck durch die feine Scheibe des Fleischwolfes drehen und in eine große Schüssel oder Wanne geben. Schweineschulter in kleine Würfel schneiden und ebenfalls in die Wanne geben. Ein Viertel von der Schweineleber kurz in heißem Wasser brühen und in kleine Würfel schneiden. Ab in die Wanne und mit den Gewürzen, ohne Salz, gut vermengen. Die Zwiebeln schälen und in der Butter glasig dünsten. Die restliche Leber in grobe Stücke schneiden, mit dem Salz und den Zwiebeln vermischen und zweimal durch die feine Scheibe des Fleischwolfes geben. Die Leber gut unter die Fleischteile mischen und abschmecken.

Für beide Rezepte gilt:

ca. 25 Einkochgläser à 200g mit Schraubverschluss oder ca. 25 Kunstdärme Kaliber 60/50.

Die Gläser kurz in warmes Wasser eintauchen, Wurstmasse einfüllen, Oberfläche glatt streichen. Zwischen Wurst und Deckelrand etwas Luftraum freilassen, damit sich die Wurstmasse beim Kochen ausdehnen kann. Die Gläser bei 100 °C 75 Minuten kochen.

Die Därme so füllen, dass sie prall sind, aber nicht platzen. Anschließend zu Würsten abbinden und bei 80 °C 70 Minuten garen.

In handwarmem Wasser abkühlen lassen und im Kühlschrank oder Keller aufbewahren.

Zungenleberwurst
Spricht für sich

Zutaten:

1.000g frische Kalbs- oder Schweinezungen
1.000g frische Schweineleber
1.500g magere Schweineschulter
1.500g Schweinebacken
3 große Zwiebeln
50g Butter, 90g Kochsalz
10g weißer Pfeffer
2,5g Muskat, 1g Nelken
5g Majoran, 2,5g Thymian

Zubereitung:

Die Zungen gut säubern und in leicht gesalzenem Wasser garen. Sie sollen hinterher nicht zu weich, sondern noch schnittfest sein.

Nach dem Kochen die Zungenschleimhäute beherzt entfernen und die Zunge in ein Zentimeter große Würfel schneiden. Die Schweineschulter ebenfalls in Stücke schneiden und in siedendem Wasser gut durchbrühen, von Schwarte und Sehnen befreien und durch die feine Scheibe des Fleischwolfes drehen.

Nun die Zwiebeln schälen, in Würfel hacken und in der Butter

Leberwurst – Rezepte

glasig dünsten. Die Leber gut wässern und säubern, in Streifen schneiden. Zwiebeln und Kochsalz hinzu und das Ganze zweimal durch die feine Scheibe des Fleischwolfes geben.

Die Zungenwürfel mit den Gewürzen und den übrigen Zutaten kräftig vermengen, bis eine gute Bindung erreicht ist. Eine zu trockene Masse kann mit etwas Kesselbrühe vermischt werden.

Leberfleischwurst
Mit Herz und Nieren

Zutaten:

1.200g Schweinebauch
400g frische Schweinebacken
500g Schweinenieren
500g Schweineherzen
500g Schweinezungen
500g frische Schwarten
1.400g frische Schweineleber
90g Kochsalz, 10g weißer Pfeffer
5g Muskatblüte, 5g Majoran
2,5g Thymian, 3g Kardamom, 1g Zimt

Zubereitung:

Schweinenieren, Schweineherzen und Schweinezungen gut wässern, säubern und gar kochen. Von den Zungen die Schleimhäute entfernen und alles in ein Zentimeter große Würfel schneiden, mit den Gewürzen vermengen.

Schweinebauch und Backen in siedendem Wasser gut durchbrühen und ebenfalls in ein Zentimeter große Würfel schneiden, untermengen. Auch die Schweineleber in Streifen schneiden, wässern, säubern, mit dem Kochsalz vermengen und zweimal durch die feine Scheibe des Fleischwolfes drehen, dann untermengen.

Die Schweineschwarten gut entfetten und nicht zu weich gar kochen, durch die feine Scheibe des Fleischwolfes geben. Die heiße Schwartenmasse unter die restlichen Zutaten mischen, auf gute Bindung achten und nicht die Finger verbrühen!

Für beide Rezepte gilt:

ca. 25 Einkochgläser à 200g mit Schraubverschluss oder ca. 25 Kunstdärme Kaliber 60/50.

Die Gläser kurz in warmes Wasser eintauchen, Wurstmasse einfüllen, Oberfläche glatt streichen. Zwischen Wurst und Deckelrand etwas Luftraum freilassen, damit sich die Wurstmasse beim Kochen ausdehnen kann. Die Gläser bei 100 °C 70 Minuten kochen.

Die Därme so füllen, dass sie prall sind, aber nicht platzen. Anschließend zu Würsten abbinden und bei 80 °C 70 Minuten garen.

In handwarmem Wasser abkühlen lassen und im Kühlschrank oder Keller aufbewahren.

Sardellen-Leberwurst
Ein guter Fang

Zutaten:

1.200g frische Schweineleber
2.000g Schweineschulter
1.000g Schweinekamm
800g frischer fetter Speck
100g entgrätete Sardellen
70g Kochsalz, 10g weißer Pfeffer
5g Majoran, 3g Muskatnuss
3g Ingwer

Zubereitung:

Die frische Schweineleber in heißem Wasser kurz anbrühen, mit dem Kochsalz vermengen und zweimal durch die Zwei-Millimeter-Scheibe des Fleischwolfes drehen.

Schweineschulter und den Schweinekamm in Stücke schneiden und in siedendem Wasser gut durchbrühen. Beides durch die feine Scheibe des Fleischwolfes lassen.

Den Speck in kleine Würfel schneiden. Die Sardellen gut waschen und sehr fein hacken. Die gesamten Zutaten mit den Gewürzen gut vermengen, so dass eine Bindung entsteht, eventuell etwas Brühe zufügen.

Info

Anchovis, Sardelle oder Sprotte?

Das sind ja gleich drei Begriffe für einen Fisch. Oder? Nicht ganz: Das Wort Anchovis stammt aus dem Spanischen und bezeichnet die Europäische Sardelle. Ein Überbegriff also, unter den zwei handelsübliche Fischsorten fallen: die Sardelle und die Sprotte. Aber Vorsicht, die beiden lassen sich keineswegs austauschen. Sardellen sind lange eingesalzen und fermentiert. Sie reifen bis zu zwei Jahre und werden dadurch entsprechend mürbe. Die ideale Würze für eine nicht ganz alltägliche Leberwurst! Sprotten hingegen gehen nur wenige Wochen durch die Reifung. Wegen der Verwendung von wesentlich weniger Salz schmecken sie mild säuerlich, ähnlich wie Matjes.

Rheinische Leberterrine
Scharfes i-Tüpfelchen

Zutaten:

500g Schweinemett
500g Rindergehacktes
300g Schweineleber
300g fetter Speck in dünne Scheiben geschnitten
4 Eier, 125g süße Sahne
4 EL Rotwein, 10 Blatt Gelatine
½l Brühe
Pfeffer
Kochsalz
2 TL Estragon
10 Pfefferkörner
50g Pistazien
6 Chilischoten

Zubereitung:

Eine Terrinenform von ca. 2 Liter Inhalt mit dem fetten Speck auslegen. Schweineleber waschen, trocken tupfen und klein würfeln. Eier aufschlagen und verquirlen. Die Sahne halbsteif schlagen.

Rindergehacktes, Schweinemett, Pistazien mit der Leber, den Eiern und der Sahne in eine Schüssel geben, mit Salz, Pfeffer und Estragon würzen und vermengen, dabei auf eine gute Bindung achten.

Die Gelatine in kaltem Wasser einweichen. Brühe mit dem Rotwein aufkochen, würzen und Gelatine nun darin auflösen.

Pastete nach dem Garen in der Terrine lassen, mit Estragon, Chili und Pfefferkörnern garnieren, mit dem Gelatine-Aspik aufgießen und fest werden lassen. Anschließend im Kühlschrank aufbewahren.

1 Pastetentopf

Die Masse ohne Hohlräume in die Pastetenform einfüllen.
Im vorgeheizten Backofen bei 180 °C 90 Minuten mit geschlossenem Deckel im Wasserbad garen. Anschließend gut auskühlen lassen.

Leckeres Stück Lebenskraft
Blutwurst aus Leidenschaft

Blut ist Leben, Blut ist Kraft. Deshalb glaubten schon die Krieger des Altertums, dass Blutwurst ihnen übermenschliche Stärke verleihe. Ja, Blutwurst zählt tatsächlich zu den ältesten Wurstsorten der Welt. Sie sind gar kein Krieger? Meine Rezepte bringen Ihr Blut trotzdem in Wallung – garantiert friedlich.

So gelingt es

Gute Verbindung

Sie haben eifrig den Wurstteig gerührt und vermengt, was die Bizepse hergeben, und trotzdem möchte sich die Fleischeinlage einfach nicht mit der übrigen Blutwurstmasse verbinden? Verzweifeln Sie nicht, sondern beugen Sie vor. Schuld an dem Malheur ist nämlich nicht Ihre mangelnde Stärke. Nein, häufig wirkt sich lediglich das zu lange Kochen der Schwarten negativ auf die Bindekraft aus. Achten Sie also immer ganz genau darauf, diese Zutat nicht zu weichzukochen.

Weißes Wunder

Der rot-weiß-gewürfelte Anschnitt einer Blutwurst gehört zu jenen Anblicken, die den Selberwurster mit Stolz erfüllen. Nutzen Sie dafür diesen Kniff: Brühen Sie den Speck vor dem Vermengen mit der übrigen Blutwurstmasse gut durch, denn sonst saugt er sich später voll Blut. Zum Überbrühen nehmen Sie sehr heißes Wasser (ca. 90 °C), das Sie über den Speck geben. Nach etwa einer halben Minute abgießen. Derart vorbehandelt sorgt der Speck für den gewünschten weißen Kontrast.

Info

Ohne Blutvergießen

Heute führt ein Metzger nicht mehr selbstverständlich frisches Schweineblut. Also was tun, wenn Sie Blutwürste herstellen möchten? Keine Sorge, Sie brauchen keine Blutbank zu überfallen. Als Alternative zum Frischblut können Sie im Fleischerei- und Hausschlachterbedarf (auch im Internet) Trockenblut kaufen. Sie erhalten ein hygienisch unproblematisches Produkt, das sich bis zu zwölf Monate hält. Ein Kilogramm Blutpulver wird zur Verarbeitung mit fünf Litern Wasser aufgelöst.

Glanzstück

Ihre Blutwurst schimmert nicht appetitlich und zeigt ein mattes Schnittbild? Dann haben Sie wahrscheinlich die Schwarte zu lange gekocht. 60 Minuten in heißem Wasser (80 °C) sind ausreichend, um eine gute Bindung und einen feinen Geschmack zu erhalten.

Sauberer Anschnitt

Entdecken Sie beim Anschneiden von Blutwürsten eine tiefrote bis schwarze Anschnittfläche, war das verwendete Blut abgestanden oder wurde zu kalt verarbeitet. Wenn Sie sich genau an die Rezeptanweisung halten, werden Sie damit aber keine Probleme bekommen.

Wurst mit Frische-Geschmack

Immer mal wieder entstehen Blutwürste, die abgestanden und stumpf schmecken. Das liegt an überlagerten Schwarten oder altem Blut. Für einen ausgewogenen wurstigen Geschmack verarbeiten Sie die Zutaten am besten immer sofort frisch.

Berliner Fleischwurst
Echtes Großstadtkind

Zutaten:

1.500g Schweineschinken (Oberschale)
1.000g magerer Schweinebauch
1.500g Schweineschulter
400g Schweineschwarten
300g frische Schweineleber
½l gesalzenes Schweineblut (beim Metzger bestellen)
70g Kochsalz, 10g weißer Pfeffer
5g Majoran, 3g Nelken, 2g Muskatnuss

Zubereitung:

Schweineschinken, Schweinebauch, Schweineschulter in Stücke schneiden und in siedendem Wasser gut durchbrühen.

Danach von den Schwarten und Sehnen trennen und diese in Würfel von etwa 1½ Zentimetern schneiden. Mit den Gewürzen vermengen.

Auch die Schweineleber in Streifen schneiden, wässern, säubern und mit dem Kochsalz zweimal durch die feine Scheibe des Fleischwolfes drehen.

Die Schwarten nicht zu gar kochen und ebenfalls zweimal durch die feine Scheibe des Fleischwolfes geben.

ca. 25 Einkochgläser à 200g mit Schraubverschluss oder ca. 25 Kunstdärme Kaliber 60/50.

 Die Gläser kurz in warmes Wasser eintauchen, Wurstmasse einfüllen, Oberfläche glatt streichen. Zwischen Wurst und Deckelrand etwas Luftraum freilassen, damit sich die Wurstmasse beim Kochen ausdehnen kann. Die Gläser bei 100 °C 80 Minuten kochen.

Die Därme so füllen, dass sie prall sind, aber nicht platzen. Anschließend zu Würsten abbinden und bei 80 °C 70 Minuten garen.

In handwarmem Wasser abkühlen lassen und im Kühlschrank oder Keller aufbewahren.

Alles sehr heiß vermengen, und bitte nicht verbrühen!

Im heißen Wasserbad wird das Blut angenehm handwarm gerührt und der übrigen Wurstmasse zugegeben. Alles ordentlich vermischen und auf eine gute Bindung achten.

Info

In der Not auf welchem Brot?

Ob morgens oder abends, am liebsten essen Sie Ihre selbst gemachte Wurst wahrscheinlich als herzhaften Brotbelag. Da ist die Berliner Fleischwurst keine Ausnahme. Aber gibt es ein spezielles Brot, das mit einer bestimmten Wurst am besten harmoniert?

Traditionell aß man zur Berliner Fleischwurst wohl Weißbrot. Aber ich möchte an dieser Stelle keine Gebote aussprechen. So, wie sich die Regeln beim Weintrinken gelockert haben, bleibt es auch jedem Wurstesser ganz nach seinem Geschmack überlassen, das Brot zu wählen. Dinkel, Roggen oder Pumpernickel – das ist Ihre Sache. Und falls Sie sich gar nicht entscheiden können, schmeckt die Wurst nach Altmeister-Art natürlich auch pur.

Thüringer Rotwurst
Starker Ostklassiker

Zutaten:

2.000g Schweineschulter
2.000g Schweinebauch
300g Schweineschwarten
300g Schweineleber
600g gesalzenes Schweineblut
(beim Metzger bestellen)

3 große Zwiebeln
70g Kochsalz
10g schwarzer Pfeffer
8g Majoran, 4g Thymian
4g Piment, 2g Nelken
2g gem. Kümmel

Zubereitung:

Schweineschulter, Schweinebauch in Stücke zerteilen und in siedendem Wasser gut durchbrühen. In ein Zentimeter große Stücke schneiden. Streifen schneiden aus der Schweineleber, wässern, säubern und zweimal durch die feine Scheibe des Fleischwolfes drehen. Schweineschwarten nicht zu weich kochen, und mit den geschälten Zwiebeln durch die feine Scheibe des Fleischwolfes drehen. So heiß, wie nur möglich, weiterverarbeiten. Im siedenden Wasserbad wird das Blut handwarm gerührt. Alle noch warmen Zutaten mit dem Kochsalz und den Gewürzen anschließend vermengen und abschmecken.

ca. 25 Einkochgläser à 200g mit Schraubverschluss oder ca. 25 Kunstdärme Kaliber 60/50.

 Die Gläser kurz in warmes Wasser eintauchen, Wurstmasse einfüllen, Oberfläche glatt streichen. Zwischen Wurst und Deckelrand etwas Luftraum freilassen. Die Gläser bei 100 °C 80 Minuten kochen.

 Die Därme so füllen, dass sie prall sind, aber nicht platzen. Anschließend zu Würsten abbinden und bei 80 °C 70 Minuten garen.

In handwarmem Wasser abkühlen lassen und im Kühlschrank oder Keller aufbewahren.

Norddeutsche Festwurst
In Partylaune

Zutaten:

80g Kochsalz
15g schwarzer Pfeffer
2g Piment
5g Majoran
3.000g frische Schweinebacken
1.500g Schweinekamm
300g Schweineschwarten
200ml gesalzenes Schweineblut (beim Metzger bestellen)

Zubereitung:

Die frischen Schweinebacken und den Schweinekamm in Stücke schneiden und in siedendem Wasser gut durchbrühen. Der Schweinekamm muss etwas früher heraus aus dem Kessel, denn die Schweinebacken benötigen mehr Zeit, um ordentlich zu garen.

Die Schwarten und Sehnen entfernen und alles in ein bis 1½ Zentimeter große Würfel zerlegen, die mit den Gewürzen vermengt werden.

Wichtig: Schweineschwarten nicht zu weich garen und zweimal durch die feine Scheibe des Fleischwolfes drehen. Auch hier die Zutaten sehr heiß verarbeiten und erst dann mit dem Kochsalz und den übrigen Zutaten gut vermischen. Ist die Masse zu trocken, kann etwas Brühe zugegeben werden.

ca. 25 Einkochgläser à 200g mit Schraubverschluss oder ca. 25 Kunstdärme Kaliber 60/50.

 Die Gläser kurz in warmes Wasser eintauchen, Wurstmasse einfüllen, Oberfläche glatt streichen. Zwischen Wurst und Deckelrand etwas Luftraum freilassen. Die Gläser bei 100 °C 80 Minuten kochen.

 Die Därme so füllen, dass sie prall sind, aber nicht platzen. Anschließend zu Würsten abbinden und bei 80 °C 60 Minuten garen.

In handwarmem Wasser abkühlen lassen und im Kühlschrank oder Keller aufbewahren.

Rezepte – Blutwurst

Fränkische Bauernblutwurst
Kleiner Vampir

Zutaten:

**3.000g frischer fetter Speck
500g Schweineschwarten
1l frisches ungesalzenes Schweineblut
(beim Metzger bestellen)
½l abgekochte kalte Milch
90g Kochsalz, 5g Majoran
2,5g Thymian, 4g schwarzer Pfeffer**

Zubereitung:

Den Speck von den Schwarten trennen und in ca. ein Zentimeter kleine Würfel schneiden. In siedendem Wasser gut kernig abbrühen. Wenn der Speck zu weich gebrüht wird, bleibt er bei der Verarbeitung nicht schön weiß, sondern verfärbt sich durch das Blut rötlich.

Kaltes Blut, Milch, Gewürze und Kochsalz zum Speck geben.

Auch die Schweineschwarten sollten nicht zu lange garen. Zweimal durch die feine Scheibe des Fleischwolfes drehen und unter die übrige Wurstmasse mischen.

Rheinische Speckwurst
Mit Bäuchlein

Zutaten:

**2.000g frischer fetter Speck
2.000g frischer Bauchspeck
500g Schweineschwarten
½l gesalzenes Schweineblut
(beim Metzger bestellen)
2 große Zwiebeln
80g Kochsalz, 15g schwarzer Pfeffer
2,5g Nelken, 3g Piment, 5g Majoran**

Zubereitung:

Den Speck in Stücke schneiden und in siedendem Wasser gut durchgaren. Ausnahmsweise samt Schwarten in ein Zentimeter große Würfel schneiden. Diese noch einmal kurz mit heißem Wasser überbrühen und auf einem Sieb abtropfen lassen. Gewürze und Kochsalz untermischen.

Die Schweineschwarte nicht zu weich garen und mit den gehackten Zwiebeln zweimal durch die feine Scheibe des Fleischwolfes drehen.

Zutaten noch sehr heiß unter die übrigen Zutaten mengen. Das Schweineblut in einem Wasserbad handwarm rühren und mit allen Zutaten ordentlich vermischen.

Für beide Rezepte gilt:

ca. 25 Einkochgläser à 200g mit Schraubverschluss oder ca. 25 Kunstdärme Kaliber 60/50.

 Die Gläser kurz in warmes Wasser eintauchen, Wurstmasse einfüllen, Oberfläche glatt streichen. Zwischen Wurst und Deckelrand etwas Luftraum freilassen, damit sich die Wurstmasse beim Kochen ausdehnen kann. Die Gläser bei 100 °C 80 Minuten kochen.

 Die Därme so füllen, dass sie prall sind, aber nicht platzen. Anschließend zu Würsten abbinden und bei 80 °C 60 Minuten garen.

In handwarmem Wasser abkühlen lassen und im Kühlschrank oder Keller aufbewahren.

Pfefferwurst
Mit feurigem Herzen

Zutaten:

**500g Schweineherzen
500g Schweinenieren
1.000g Schweineschwarten
1.000g frischer fetter Rückenspeck
500g Schweinebauch
1l gesalzenes Schweineblut
(beim Metzger bestellen)
½l Kesselbrühe
80g Kochsalz, 15g schwarzer Pfeffer
5g weißer Pfeffer, 5g Piment**

Zubereitung:

Die Schweineherzen und -nieren werden gewässert, gesäubert und mit dem Schweinebauch kernig gegart. Anschließend ab durch die feine Scheibe des Fleischwolfes.

Den Rückenspeck von seinen Schwarten befreien und in ein Zentimeter große Würfel schneiden. In siedendem Wasser so abbrühen, dass er sich noch kernig anfühlt.

Die handwarme Kesselbrühe wird mit dem Blut vermischt. Dann kommen Gewürze, Kochsalz und alle gebrühten Fleischteile hinzu.

Auch die Schweineschwarten nicht zu weich garen. Zweimal durch die feine Scheibe des Fleischwolfes drehen und in sehr heißem Zustand unter die übrigen Zutaten mengen.

Für beide Rezepte gilt:

ca. 25 Einkochgläser à 200g mit Schraubverschluss oder ca. 25 Kunstdärme Kaliber 60/50.

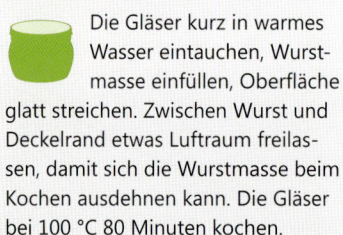

Die Gläser kurz in warmes Wasser eintauchen, Wurstmasse einfüllen, Oberfläche glatt streichen. Zwischen Wurst und Deckelrand etwas Luftraum freilassen, damit sich die Wurstmasse beim Kochen ausdehnen kann. Die Gläser bei 100 °C 80 Minuten kochen.

Die Därme so füllen, dass sie prall sind, aber nicht platzen. Anschließend zu Würsten abbinden und bei 80 °C 70 Minuten garen.

In handwarmem Wasser abkühlen lassen und im Kühlschrank oder Keller aufbewahren.

Guts-Fleischwurst
Heißblütig

Zutaten:

1.000g Schweinebauch
3.000g Schweineschulter
400g Schweineleber
400g Schweineschwarten
300ml gesalzenes Schweineblut (beim Metzger bestellen), 2 große Zwiebeln
90g Kochsalz, 10g schwarzer Pfeffer
3g Muskatblüte, 4g Piment, 2g Nelken
10g Majoran, 2g gem. Kümmel

Zubereitung:

Das Schweinefleisch in siedendem Wasser kernig garen. Schwarten und Sehnen werden abgelöst und in ein Zentimeter große Würfel geschnitten. Gewürze untermischen. Die gesäuberte und gewässerte Schweineleber mit dem Kochsalz vermengen und zweimal durch die feine Scheibe des Fleischwolfes drehen. Zur Fleischmasse geben.

Die Schweineschwarten nicht zu weich garen und zweimal mit den geschälten Zwiebeln durch die feine Scheibe des Fleischwolfes lassen. In sehr heißem Zustand unter die übrigen Zutaten mengen. Das handwarm gerührte Blut zugeben und alles gut auf Bindung vermengen.

Delikatess-Blutwurst
Einfach beliebt

Info

Viele Namen, eine Wurst

Vielleicht begegnet Ihnen die Blutwurst beim Metzger ab und zu als Rotwurst. Lassen Sie sich davon nicht verwirren. Die zahlreichen unterschiedlichen Namen sind regionalen Ursprungs, so wie Schwarzwurst, Topfwurst, Flönz oder Blunzen. Sie bezeichnen alle eigentlich dasselbe. Natürlich hat jede Region traditionell ihre eigenen Rezepte. Deshalb versteht man unter der Thüringer Rotwurst ein echtes Original, während niemand von einer Thüringer Blutwurst spricht. Doch alles in allem erhalten Sie unter jedem der Namen eine Wurst auf der Basis von Schweinefleisch, Schweinespeck und Schweineblut.

Zutaten:

2.000g frischer magerer Schweinebauch
2.000g frischer fetter Speck
200g frische Schweineschwarten
700g gesalzenes Schweineblut (beim Metzger bestellen), 300g Zwiebeln
50g Butter, 75g Kochsalz
10g weißer Pfeffer, 5g gem. Majoran
1g gem. Thymian, 1g gem. Nelken
2,5g gem. Muskatnuss

Zubereitung:

Schweinebauch und Speck leicht ankochen. Dann Schwarten entfernen. Fleisch und Speck in kleine Würfel schneiden und mit siedend heißem Wasser gut abbrühen. Zur Zwischenlagerung in eine große Schüssel oder Wanne geben, aber nicht komplett abkühlen lassen.

Die Zwiebeln schälen, hacken und in Butter glasig dünsten.

Nun Schwarten gar kochen und mit den Zwiebeln durch die feine Scheibe des Fleischwolfes drehen. In heißem Wasser das Blut handwarm rühren. Alle Zutaten mit dem Fleisch und dem Speck, mit Gewürzen und Kochsalz gut vermengen. Abschmecken und fertig.

ca. 25 Einkochgläser à 200g mit Schraubverschluss oder ca. 25 Kunstdärme Kaliber 60/50.

 Die Gläser kurz in warmes Wasser eintauchen, Wurstmasse einfüllen, Oberfläche glatt streichen. Zwischen Wurst und Deckelrand etwas Luftraum freilassen, damit sich die Wurstmasse beim Kochen ausdehnen kann. Die Gläser bei 100 °C 70 Minuten kochen.

 Die Därme so füllen, dass sie prall sind, aber nicht platzen. Anschließend zu Würsten abbinden und bei 80 °C 60 Minuten garen.

In handwarmem Wasser abkühlen lassen und im Kühlschrank oder Keller aufbewahren.

Gutsblutwurst
Auf dem Bauernhof zu Hause

Landrotwurst
Schnittfestes Bäuerchen

Zutaten:

1.500g frischer Schweinebauch
2.000g Schweineschulter
500g frische Schweineleber
200g Schweineschwarten
500g gesalzenes Schweineblut (beim Metzger bestellen), 300g Zwiebeln
50g Butter, 75g Kochsalz
15 g gem. schwarzer Pfeffer, 5g Piment
1,5g Nelken, 10g Majoran
2,5g Muskatblüte

Zubereitung:

Schweinebauch und -schulter werden leicht angekocht. Den Schweinebauch durch die Zwei-Millimeter-Scheibe des Fleischwolfes drehen und die Masse in eine große Schüssel oder Wanne füllen. Die Schweineschulter in kleine Würfel schneiden und dazu geben. Nun die Schweineleber in heißem Wasser kurz anbrühen und in kleine Würfel schneiden. Samt Gewürzen und dem Salz mit dem Fleisch in der Wanne gut vermischen.

Zwiebeln schälen, hacken und in Butter glasig dünsten. Schwarten gar kochen und mit den Zwiebeln durch die feine Scheibe des Fleischwolfes lassen. Das Blut in heißem Wasser handwarm rühren. Zutaten gut vermengen und herzhaft abschmecken.

Für beide Rezepte gilt:

ca. 25 Einkochgläser à 200g mit Schraubverschluss oder ca. 25 Kunstdärme Kaliber 60/50.

 Die Gläser kurz in warmes Wasser eintauchen, Wurstmasse einfüllen, Oberfläche glatt streichen. Zwischen Wurst und Deckelrand etwas Luftraum freilassen, damit sich die Wurstmasse beim Kochen ausdehnen kann. Die Gläser bei 100 °C 70 Minuten kochen.

 Die Därme so füllen, dass sie prall sind, aber nicht platzen. Anschließend zu Würsten abbinden und bei 80 °C 70 Minuten garen.

In handwarmem Wasser abkühlen lassen und im Kühlschrank oder Keller aufbewahren.

Zutaten:

4.000g durchwachsenes Schweinefleisch (Schulter, Brust)
2l Schweineblut
(beim Metzger bestellen)
300g Zwiebeln
10g schwarzer Pfeffer
5g Majoran
2,5g Thymian
5g gem. Nelken
1 EL Würze
100g Kochsalz

Zubereitung:

Als Erstes das Schweinefleisch in einem Topf mit etwas Salz schnittfest garen und anschließend in kleine Würfel schneiden oder grob wolfen. Danach die Zwiebeln klein hacken und in der Pfanne schmoren. Nun das Schweineblut im Wasserbad handwarm anrühren. Alle Zutaten gründlich untereinander vermengen und nach Belieben mit den Gewürzen herzhaft abschmecken.

Vielseitiges Anfängerglück
Grillwurst und andere Leckerbissen

Brutzelnde Würstchen vom Grill – das ist der Geschmack des Sommers. Können Sie sich etwas Lässigeres vorstellen, als die nächste Grillgesellschaft mit selbst gemachter Bratwurst zu überraschen? Tun Sie es einfach, denn die folgenden Rezepte sind wirklich heiß.

Grillwurst

So lecker und herzhaft Grillwurst schmeckt, so leicht funktioniert ihre Herstellung. Dieser Leckerbissen ist eine richtige Anfänger-Wurst. Weil Sie nur eine überschaubare Ausrüstung dafür brauchen und sich der Aufwand in Grenzen hält. Darüber hinaus gibt es keine Wurstmasse, die so vielseitig verwertbar ist. Möchten Sie die fertige, gebrühte Wurst auf dem Grill oder in der Pfanne braten, so empfiehlt sich natürlich die hier vorgeschlagene Verarbeitung im Schweinedünndarm. Doch was kann Sie davon abhalten, die Grillwurstmasse mal im Glas zu verarbeiten?

Grill- und Bratwürste schmecken gleich nach der Zubereitung natürlich am besten. Fast wie frisch sind sie auch nach bis zu vier Wochen in der Tiefkühltruhe. Aber bitte nie bei Zimmertemperatur herumliegen lassen!

So gelingt es

Zarter Biss dank Frischfleisch

Achten Sie darauf, dass Sie für Ihre Bratwurst nach Möglichkeit das Fleisch junger Tiere verwenden. Ihr Metzger wird Sie hierzu gern beraten. Die kürzeren Fleischfasern sorgen nämlich dafür, dass die fertige Grillwurst einen zarten Biss hat.

Würzen mit Köpfchen

Meinen Sie es beim Würzen der rohen Wurstmasse nicht zu gut mit dem Salz oder scharfen Gewürzen. Beim Brühen, Grillen oder Braten der Wurst wird der Geschmack durch die Hitzeeinwirkung intensiviert.

Trocken gelagert hält länger

Ein grünlicher Anschnitt rührt von Bakterienbesiedlung her. Um vorzubeugen, achten Sie auf ausreichende Brühtemperatur. Zu frühes Entfernen aus dem Kessel führt ebenfalls zu raschem Verderb. Bei der Lagerung machen Sie alles richtig, wenn Sie

Grillwurst – Rezepte

der Wurst ein trockenes und kühles Plätzchen suchen. 10 °C Raumtemperatur sollten nicht überschritten werden. Diese Voraussetzungen erfüllt Ihr Kühlschrank optimal. Daher sind die leckeren Würste in ihm bis zum Grillabend bestens aufgehoben.

Ganz ohne Schrecken

Fällt Ihnen ein grauer Anschnitt an der Grillwurst auf, haben Sie es sehr wahrscheinlich mit einem Kälte- oder Lichtrand zu tun. Auch der lässt sich vermeiden: Schrecken Sie die gebrühten Würste nicht zu eisig ab und lagern Sie sie ausschließlich im Kühlschrank.

Auf Distanz halten

Fremdgerüche können die Ursache sein, falls Wurst einen unreinen Geschmack aufweist. Nach allem, was Sie bereits über das Wursten wissen, haben Sie sicher nur einwandfreie Ware verwendet. Es dürfte also nicht an mangelhaften Rohstoffen liegen. Achten Sie aber auf ausreichend hohe Brühtemperatur und lagern Sie keine stark riechenden Stoffe in der Nähe der fertigen Würste.

Gekochte Mettwurst und Zwiebelwürste

Frisches Mett auf knusprigem Brötchen – das ist für viele Menschen der Inbegriff des deftigen Fleischgenusses. Doch leider heißt «frisch» auch «leicht verderblich». Für den Hobbywurster bedeutet die Herstellung von Rohwürsten deshalb häufig eine Enttäuschung. Wurstfehler sind keine Seltenheit. Aber ich kann Sie trösten: Sie wursten ganz unbeschwert selber und müssen trotzdem nicht auf die herrlich handfesten Mettwürste verzichten. In den nachfolgenden Rezepten stelle ich Ihnen nämlich die unkomplizierte Variante vor, die gekochten Mett- und Zwiebelwürste.

So gelingt es

Köstlicher Absatz

Für eine gleichmäßige Mettwurst halten Sie sich am besten genau an meine Rezeptur. Bei der Zubereitung im Glas setzt sich immer etwas Fett ab. Viele Freunde der hausgemachten Wurst schätzen diesen Effekt jedoch ganz besonders.

Thüringer Rostbratwurst
Mitteldeutscher Grillklassiker

Zutaten:

2.000g frischer Schweinebauch
1.000g Kalbsnacken
55g Kochsalz, 6g weißer Pfeffer
3g Muskatblüte, 1g Kardamom
3g gem. Kümmel, 3g Majoran

Zubereitung:

Den Schweinebauch und den Kalbsnacken von Schwarten und Sehnen befreien und in Stücke schneiden. Mit den Gewürzen und dem Kochsalz vermengen und durch die Sechs-Millimeter-Scheibe des Fleischwolfes geben. Die Wurstmasse anschließend auf Bindung vermischen.

ca. 15 Meter Schweinedärme vom Kaliber 26/28.

Mit der Wurstfüllmaschine oder dem Fleischwolf mit Füllhörnchen nicht zu prall bzw. locker in die gut gereinigten und gewässerten Därme einfüllen und zu 100 Gramm schweren Würstchen abdrehen.

Im Wasserbad bei 65°C 20 Minuten brühen. In handwarmem Wasser abkühlen lassen und bis zum Grillen im Kühlschrank aufbewahren.

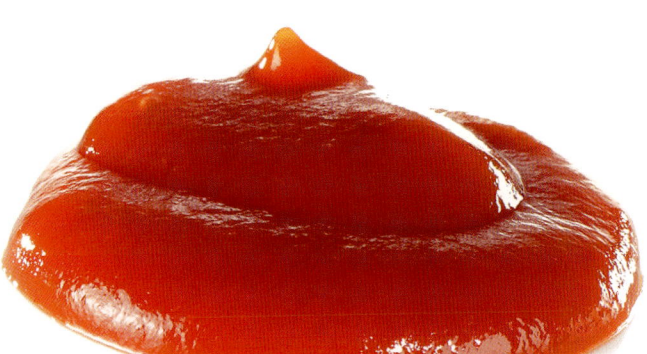

Mein Tipp

Rot oder gelb?

Ketchup oder Senf, so lautet die Gretchenfrage. Bevorzugen Sie den amerikanischen Tomatentraum? Guten Ketchup gibt es problemlos zu kaufen. Viele erhältliche Sorten kommen ohne Zusätze aus, sogar im preiswerten Segment. Achten Sie beim Kauf nur darauf, dass er keine Konservierungsstoffe enthält. Für Senf benötigen Sie Senfsamen (250g), die Sie in einer Mühle zu Mehl mahlen. Mittelscharfer Senf entsteht aus den weißen Samenkörnern, mehr Schärfe enthalten die braunen. Da entscheidet Ihr Geschmack allein. Weinessig (5%) oder einfachen Essig (150g) mit Wasser (200g) aufkochen und samt Zucker oder Honig (100g), einer Prise Salz und ein paar Gewürzen Ihrer Wahl mit dem Senfmehl vermengen. Ein bis zwei Tage im Kühlschrank ziehen lassen, fertig.

Rezepte – Grillwurst

Currywurst
Echt scharf!

Zutaten:

1.500g Schweineschulter
1.500g frischer Schweinebauch
55g Kochsalz, 10g Currypulver
3 Tropfen Tabasco, 6g weißer Pfeffer
3g Ingwer

Zubereitung:

Die Schweineschulter und den Schweinebauch von Schwarten und Sehnen befreien. Das Fleisch in Stücke schneiden, mit den Gewürzen und dem Kochsalz vermengen und durch die Zwei-Millimeter-Scheibe des Fleischwolfes drehen. Die Wurstmasse anschließend auf Bindung durchmischen.

Info

Schnelle Currysoße

Selbst wenn die Currywurst bereits in der Pfanne brutzelt, ist noch Zeit genug für die Herstellung meiner schnellen Currysoße. Dafür verrühren Sie guten Tomatenketchup mit hochwertigem Currypulver. Achten Sie darauf, dass es ausgewogene Anteile von Kurkuma, Kardamom und Cayennepfeffer enthält. Überwiegt eines dieser Gewürze, ist es aus mit dem guten Geschmack. Noch einen ordentlichen Schuss Cognac hinzu und fertig ist die würzige Beilage für die Currywurst nach Altmeister-Art.

ca. 15 Meter Schweinedärme vom Kaliber 26/28.

Mit der Wurstfüllmaschine oder dem Fleischwolf mit Füllhörnchen nicht zu prall bzw. locker in die gut gereinigten und gewässerten Därme einfüllen und zu 100 Gramm schweren Würstchen abdrehen.

Im Wasserbad bei 65°C 20 Minuten brühen. In handwarmem Wasser abkühlen lassen und im Kühlschrank aufbewahren.

Getrüffelte Bratwurst
Für den verwöhnten Gaumen

Zutaten:

500g Schweineschinken aus der Oberschale
500g Schweineschulter
1.000g frischer Schweinebauch
55g Kochsalz, 4,5g weißer Pfeffer
2g Muskatblüte, 2g Kardamom
1g Zitronenpulver
50g Trüffel

Zubereitung:

Schweineschinken, Schweineschulter, Schweinebauch von Schwarten und Sehnen trennen. Dann den Schweineschinken durch die Fünf-Millimeter-Scheibe des Fleischwolfes lassen. Schweineschulter und den Schweinebauch in Stücke schneiden, mit den Gewürzen und dem Kochsalz vermengen und dieses Mal durch die Zwei-Millimeter-Scheibe des Fleischwolfes drehen. Als luxuriösen Kick die gesamte Wurstmasse mit den klein gehackten Trüffeln auf Bindung vermischen.

Winzer-Bratwurst
Weinselig

Zubereitung:
Die Schweineschulter und den Schweinebauch von Schwarten und Sehnen trennen. Das Fleisch in Stücke schneiden, diese mit den Gewürzen und dem Kochsalz vermengen und durch die grobe Scheibe des Fleischwolfes drehen. Die Wurstmasse anschließend mit dem Weißwein auf Bindung vermischen.

Zutaten:
1.500g Schweineschulter
1.500g frischer Schweinebauch
55g Kochsalz, 60g Weißwein
6g weißer Pfeffer, 2g Kardamom
2g Muskatblüte

Für beide Rezepte gilt:

ca. 15 Meter Schweinedärme vom Kaliber 26/28.

Mit der Wurstfüllmaschine oder dem Fleischwolf mit Füllhörnchen nicht zu prall bzw. locker in die gut gereinigten und gewässerten Därme einfüllen und zu 100 Gramm schweren Würstchen abdrehen.

Im Wasserbad bei 65°C 20 Minuten brühen. In handwarmem Wasser abkühlen lassen und bis zum Grillen im Kühlschrank aufbewahren.

Rezepte – Grillwurst

Rheinische Bratwurst
Handfester Rheinländer

Zutaten:

3.000g magere Schweineschulter
2.000g frischer Schweinebauch
100g Kochsalz
10g gem. weißer Pfeffer
2,5g Muskatblüte
1 Prise Zitronenpulver

Zubereitung:

Schweineschulter und den Schweinebauch entsehnen und von der Schwarte befreien. Beides in grobe Stücke würfeln, mit dem Kochsalz und den Gewürzen vermischen und durch die feine Zwei-Millimeter-Scheibe des Fleischwolfes drehen. Mit den Händen kräftig durchmischen, damit eine gute Bindung entsteht.

ca. 15 Meter Schweinedärme vom Kaliber 26/28.

Mit der Wurstfüllmaschine oder dem Fleischwolf mit Füllhörnchen nicht zu prall bzw. locker in die gut gereinigten und gewässerten Därme einfüllen und zu 100 Gramm schweren Würstchen abdrehen.

Im Wasserbad bei 65°C 20 Minuten brühen. In kaltem Wasser abkühlen lassen und bis zum Grillen im Kühlschrank aufbewahren.

Grillwurst – Rezepte

Nürnberger Bratwurst
Kleine im Saitling

Zutaten:

1.500g Schweineschulter
1.500g frischer Schweinebauch
55g Kochsalz, 6g weißer Pfeffer
2g Ingwer, 4g Majoran
2g Zitronenpulver
2g Muskatblüte

Zubereitung:

Die Schweineschulter und den Schweinebauch von Schwarten und Sehnen befreien. In Stücke schneiden, mit den Gewürzen und dem Kochsalz vermengen und durch die Drei-Millimeter-Scheibe des Fleischwolfes drehen. Die Wurstmasse anschließend auf Bindung vermischen.

ca. 20 Meter Saitlinge vom Kaliber 22/24.

Mit der Wurstfüllmaschine oder dem Fleischwolf mit Füllhörnchen nicht zu prall bzw. locker in die gut gereinigten und gewässerten Saitlinge einfüllen und zu 40 Gramm feinen Würstchen abdrehen.

Im Wasserbad bei 65°C 15 Minuten brühen. In kaltem Wasser abkühlen lassen und bis zum Grillen im Kühlschrank aufbewahren.

In handwarmem Wasser abkühlen lassen und bis zum Grillen im Kühlschrank aufbewahren.

Gekochte Hamburger Mettwurst
Aus dem Bauch heraus

Zutaten:

2.000g durchwachsener frischer Schweinebauch
40g Kochsalz
8g weißer Pfeffer
4g Muskatblüte

Zubereitung:

Die Schweinebäuche sollten immer sehr frisch und gut durchgekühlt verarbeitet werden.

Zuerst Schwarten und Sehnen abtrennen, in Stücke schneiden, mit den Gewürzen vermengen. Dann das Ganze durch die Drei-Millimeter-Scheibe des Fleischwolfes drehen.

Die Wurstmasse anschließend leicht durchmengen, aber ausnahmsweise einmal so, dass keine große Bindung entsteht.

Gekochte Bolheimer Mettwurst
Raffinierter Eifeler

Zutaten:

600g Rindfleisch aus der Hüfte
700g Schweineschulter
700g fetter Schweinebauch
40g Kochsalz
8g schwarzer Pfeffer
4g Muskatblüte
2g Piment

Zubereitung:

Rindfleisch entsehnen und in Stücke schneiden. Von Schweineschulter und Schweinebauch die Schwarten und Sehnen entfernen. Das Fleisch in Stücke schneiden, mit dem Rindfleisch und den Gewürzen gut vermengen. Anschließend durch die Drei-Millimeter-Scheibe des Fleischwolfes drehen.

Die Wurstmasse nur leicht durchmengen, denn auch hier soll sie nicht komplett binden.

Für beide Rezepte gilt:

ca. 25 Einkochgläser à 200g mit Schraubverschluss.

 Die Gläser kurz in warmes Wasser eintauchen, Wurstmasse einfüllen, Oberfläche glatt streichen. Zwischen Wurst und Deckelrand etwas Luftraum freilassen, damit sich die Wurstmasse beim Kochen ausdehnen kann. Die Gläser bei 80 °C 80 Minuten kochen.

In handwarmem Wasser abkühlen lassen und im Kühlschrank oder Keller aufbewahren.

Zwiebelwurst
Lässt kein Auge trocken

Zutaten:

3.200g frischer Schweinebauch
1.000g Schweineschulter
800g Zwiebeln
80g Butter
100g Kochsalz
15g weißer gem. Pfeffer
2g Koriander

Zubereitung:

Der Schweinebauch und die Schweineschulter werden zunächst leicht angekocht und dann in grobe Stücke geschnitten.

Zwiebeln schälen, würfeln und in der Butter glasig dünsten. Die gesamten Zutaten mit dem Salz und den Gewürzen gut vermischen und durch die Zwei-Millimeter-Scheibe des Fleischwolfes drehen. Anschließend alles gut durchmischen und herzhaft abschmecken.

ca. 25 Einkochgläser à 200g mit Schraubverschluss oder ca. 25 Kunstdärme Kaliber 60/50.

Die Gläser kurz in warmes Wasser eintauchen, Wurstmasse einfüllen, Oberfläche glatt streichen. Zwischen Wurst und Deckelrand etwas Luftraum freilassen, damit sich die Wurstmasse beim Kochen ausdehnen kann. Die Gläser bei 100 °C 70 Minuten kochen.

Die Därme so füllen, dass sie prall sind, aber nicht platzen. Anschließend zu Würsten abbinden und bei 80 °C 60 Minuten garen.

In handwarmem Wasser abkühlen lassen und im Kühlschrank oder Keller aufbewahren.

Hessische Bauernwurst
Kümmelt sich einen

Zubereitung:

Den Schweinebauch von Schwarten und Sehnen trennen, in grobe Stücke schneiden. Dann mit dem Kochsalz, den Gewürzen und den klein gehackten Zwiebeln vermengen. Durch die grobe Scheibe des Fleischwolfes lassen. Anschließend wird das Wurstgut kräftig vermengt, bis sich eine gebundene Masse ergibt.

Zutaten:

3.000g frischer Schweinebauch
3 Zwiebeln
55g Kochsalz
6g Pfeffer
3g Kümmel
3g Muskat

ca. 15 Meter Schweinedärme vom Kaliber 26/28.

Mit der Wurstfüllmaschine oder dem Fleischwolf mit Füllhörnchen nicht zu prall bzw. locker in die gut gereinigten und gewässerten Schweinedärme einfüllen und zu Wurstringen abdrehen.

Im Wasserbad bei 65°C 30 Minuten brühen. In handwarmem Wasser abkühlen lassen und bis zum Grillen im Kühlschrank aufbewahren.

Fettarmer Augenschmaus
Das Geheimnis von Sülze und Schwartenmagen

Schwartenmagen ist mit seinem bunt gewürfelten Anschnitt etwas fürs Auge. Und so manche Sülze kommt einem wahren Kunstwerk gleich: Das perfekte Zusammenspiel der Zutaten unter einer Haube von durchscheinendem Aspik. Mit meinen Rezepten wird ihre Herstellung für Sie transparent.

Sülze

Streng genommen handelt es sich bei Sülze natürlich nicht um Wurst. Aber wer könnte den filigranen Schönheiten schon widerstehen? Und noch besser: Ein geringer Fettgehalt bei optimaler Verträglichkeit macht Sülze und Co. aus ernährungswissenschaftlicher Sicht zu einem absolut zeitgemäßen Lebensmittel.

Aspik für den Durchblick

Jede Sülze besteht aus einem guten Anteil Aspik. Ich verarbeite dafür nicht die glasige Gelatine, sondern die etwas trübere Fleischbrühe. Eine kräftige Essenz aus allem, was Fleisch und Knochen hergeben. Der Mineralstoffgehalt ist nicht zu verachten! Diverse Gemüse und Mixed Pickles, vom Gürkchen bis zum Maiskolben, garnieren gerne mal die Oberfläche. Wenn Sie ein begabter Schöngeist sind, lassen Sie sich nicht aufhalten! Meine Tellersülze eignet sich zum Beispiel sehr gut dazu. Aber vor allem muss die Sülze würzig und herzhaft fleischig schmecken. Sie werden sehen, dass es mehrere Wege gibt, Sülze in Form zu bringen. Die Tellersülze ist eine klassische Portionssülze. Darüber hinaus können Sie alle Zutaten in eine Kastenform oder Tonschüssel geben, im Ganzen stürzen und aufschneiden.

Schwartenmagen

Dieses köstliche Stück Hausmannskost zählt genau genommen zu den Kochwürsten. Traditionell werden die einzelnen Zutaten mit einer schmackhaften Kesselbrühe in einen Schweinemagen oder in eine Schweineblase gefüllt und anschließend im Kessel gegart. In meinen Rezepten empfehle ich jedoch der Einfachheit halber das Abfüllen in Gläser oder Kunstdarm. Ausnahme ist der Pfälzer Saumagen, der als Lieblingsspeise von Altkanzler Helmut Kohl zu Weltruhm gelangte. Hier kommen Sie um die Vorbestellung eines sauber geputzten Schweinemagens nicht herum. Wenden Sie sich dafür vertrauensvoll an Ihren Metzger. Zur Belohnung haben Sie hinterher ein echtes Original der deutschen Küche auf dem Tisch.

Der Presskopf-Äquator

Apropos deutsch: Schwartenmagen ist als Begriff im Rheinland, in Hessen, in der Pfalz und in Baden-Württemberg bekannt. In Bayern heißt er Presskopf. Manche Regionen genießen ihn sogar als Sausack. Diese derbe Ausdrucksweise soll wohl auf den schweinisch guten Geschmack der Spezialität verweisen. Den wurstigen Charakter der Speise treffen am ehesten die Österreicher mit dem Begriff Presswurst. Wir unterscheiden zwischen grauem und rotem Schwartenmagen. Letzerer erhält seine gesunde Farbe durch die Zugabe von Schweineblut.

So gelingt es

Schnittfeste Verbindung

Eine mangelhafte Schnittfestigkeit bei Sülzwürsten oder Schwartenmagen tritt häufig auf, wurden die Fleischstücke zu weich vorgegart. So kann sich keine ausreichende Bindung ergeben. Das Resultat: Beim Aufschneiden zerfällt die fertige Sülzwurst in ihre Bestandteile. Auch ein zu geringer Schwartenanteil führt dazu, dass sich die Zutaten nicht ordentlich miteinander vermischen.

Gelieren geht über Studieren

Stellen Sie das Aspik selbst her, kann es vorkommen, dass die Masse nach dem Erkalten zu fest geworden ist. Verdünnen Sie sie mit etwas Wasser. Bemerken Sie das Gegenteil, nämlich ein zu weiches Gelee, müssen Sie das Ganze noch einmal einkochen, damit überschüssige Flüssigkeit verdampft. Bei der Verarbeitung von Aspik kommt es auf zwei Dinge an: Achten Sie darauf, dass zu große Hitze nicht die Gelierwirkung des Aspiks beeinträchtigt. Verwenden Sie außerdem nur Aspik von guter Qualität.

Kerniger Biss

Wenn Sie einen zähen Biss bei Sülzwürsten oder Schwartenmagen vermeiden möchten, verarbeiten Sie nicht zu harte Schwarten.

Rheinischer Schwartenmagen, grau
Blasser Kölscher Jung

Zutaten:

**2.500g frischer Schweinekamm (Hals) ohne Knochen, alternativ auch Schweineschulter ohne Sehnen und Knochen.
500g frischer magerer Schweinebauch mit Schwarte
1.000g frische entfettete Schweineschwarten
1.000g Kesselbrühe**

Gewürze für die Kesselbrühe:

**1 EL Kochsalz, 3 Lorbeerblätter
5 Wacholderbeeren, 2 Zwiebeln, geviertelt, 1 St. Lauch, 1 Möhre, beides in Scheiben geschnitten**

Gewürze für die Wurstmasse:

**80g Kochsalz, 15g weißer Pfeffer
2,5g Muskat, 2,5g gem. Ingwer
1g Zitronenpulver, 1,5g gem. Kümmel
1,5g Piment, 2 Zwiebeln**

Zubereitung:

Für die Kesselbrühe muss zunächst ein Liter Wasser mit den Gewürzen und dem Gemüse zum Kochen gebracht werden. Schweinefleisch und Schweinebauch so hinzugeben, dass alles gut mit dem Wasser bedeckt ist. Eventuell etwas Wasser zugießen und bei nicht mehr kochendem Wasser siedend garen. Danach herausnehmen und in zwei bis drei Zentimeter große Würfel schneiden. Diese mit dem Salz und den Gewürzen vermengen.

Die Schweineschwarten in der Kesselbrühe kochen, bis sie weich sind. Zwei Zwiebeln schälen und klein hacken, in Butter goldgelb dünsten und zum Schluss eine Prise Muskat zugeben. Mit den Schwarten vermischen und noch sehr heiß zweimal durch die feine Scheibe des Fleischwolfes drehen. Vorsicht, Finger nicht verbrühen!

Die Kesselbrühe durch ein Sieb geben und 1.000 Gramm abwiegen. Die Flüssigkeit sehr heiß unter die Schwartenmasse mischen. Gewürfeltes Schweinefleisch untermengen und nach Belieben deftig abschmecken.

Für beide Rezepte gilt:

ca. 25 Einkochgläser à 200g mit Schraubverschluss oder ca. 25 Kunstdärme Kaliber 90/50.

Die Gläser kurz in warmes Wasser eintauchen, Wurstmasse einfüllen, Oberfläche glatt streichen. Zwischen Wurst und Deckelrand etwas Luftraum freilassen, damit sich die Wurstmasse beim Kochen ausdehnen kann. Die Gläser bei 100 °C 70 Minuten kochen.

Die Därme so füllen, dass sie prall sind, aber nicht platzen. Anschließend zu Würsten abbinden und bei 80 °C 120 Minuten garen.

In handwarmem Wasser abkühlen lassen und im Kühlschrank oder Keller aufbewahren.

Rheinischer Schwartenmagen, rot
Mit gesunder Hautfarbe

Zubereitung:
Wie beim Rheinischen Schwartenmagen, grau. Zusätzlich kommen zur Kesselbrühe aber noch 100 Gramm frisches Schweineblut hinzu. Das Schweineblut muss vor der Zugabe in einem heißen Wasserbad handwarm gerührt worden sein. Dem Ganzen nun noch 2,5 Gramm Majoran und 1,5 Gramm Nelken für einen würzigen Geschmack zugeben.

Info

Blutreserven

Denken Sie daran, einige Tage vor der Zubereitung des roten Schwartenmagens frisches Schweineblut beim Metzger zu bestellen. Die Alternative: das bereits erwähnte Trockenblut. Dieses können Sie auf Vorrat lagern und jederzeit einsetzen. Bitte kontrollieren Sie vor dem Gebrauch aber stets das Haltbarkeitsdatum.

Pfälzer Saumagen
Auf Tuchfühlung

Zutaten:

1 Saumagen mittlerer Größe (beim Metzger sauber geputzt bestellen)
900g Schweinefleisch von der Schulter
100g Schweinebauch ohne Schwarte
6 Bratwürste als Füllsel
900g Kartoffeln, 100g Sellerie
2 Karotten, 2 große Zwiebeln
2 Knoblauchzehen, 1 Brötchen, 3 Eier
Pfeffer, Muskat, Majoran, Koriander
1 Prise gem. Nelken, Kochsalz

Zubereitung:

Den sauber geputzten Saumagen eine Nacht lang wässern. Die Kartoffeln, Karotten und den Sellerie in kleine Würfel schneiden und kurz aufkochen lassen. Das Wasser abgießen. Nun Schweinefleisch, Schweinebauch, Zwiebeln, Knoblauchzehen und das Brötchen durch die grobe Scheibe des Fleischwolfes drehen. Das Ganze mit den Kartoffel-, Sellerie- und Karottenwürfeln und allen anderen Zutaten gut vermengen. Anschließend mit den Gewürzen kräftig-würzig abschmecken.

Einen großen Topf mit Wasser und wenig Salz auf 90°C erhitzen und den Saumagen darin ca. 4 Stunden sieden. Bei Raumtemperatur abkühlen lassen und im Kühlschrank aufbewahren.

Der Saumagen wird an einem Ende mit einer Kordel verschlossen. Durch die andere Öffnung wird er mit der Masse gefüllt. Nach dem Füllen auch diese Seite gut zubinden. Nun wickeln Sie den gefüllten Saumagen fest in ein Leinentuch ein und verschnüren ihn ordentlich darin. Von allen Seiten mehrmals mit einer Nadel oder einem Wurststipper, das ist ein Hilfsmittel mit zwei spitzen Stäbchen an einem Griff, leicht einstechen. Sie möchten ja nicht, dass der Leckerbissen beim Garen platzt.

Mein Tipp

Sau knusprig!

Sie mögen es richtig kross? Prima, denn der Saumagen kann ordentlich knackig angebraten werden. Dafür schneide ich ihn in etwa 10 bis 15 Millimeter dicke Stücke und brate ihn auf beiden Seiten in Butter oder Schmalz an. Das geht schneller als bei einer Bratwurst.

Serviert wird die Knabberei stilecht mit einem frischen gemischten Salat oder leckerem hausgemachtem Kartoffelsalat. Egal, ob Sie Ihren Kartoffelsalat mit Öl und Essig oder Mayonnaise bevorzugen, ich kenne einen kleinen Trick, der eine große geschmackliche Wirkung hat: Geben Sie einen guten Löffel Moutarde de Montjoie zum Salat. Die dafür verwendeten kanadischen und schwedischen Senfsaaten halte ich für die allerbesten.

Arnolds Sülzwurst
Geschmackliches Duo

Zubereitung:

Das Fleisch zunächst schnittfest garen. Die Schweineschulter in ca. zwei bis drei Zentimeter große Stücke, das Kalbfleisch und die Schweinezungen etwas kleiner schneiden. Das Bauchfleisch in Streifen und das Kopffleisch in feine Scheiben schneiden.

Die weich gekochten Schwarten sehr heiß zweimal durch die feine Scheibe des Fleischwolfes drehen und mit der abgekochten heißen Milch verrühren. Das kleingeschnittene Fleisch in der heißen Schwartenbrühe kurz abbrühen und abseihen. Mit den fein gehackten Zwiebeln unter die Schwartenmasse mischen und mit den Gewürzen tüchtig abschmecken. Salz dabei ganz nach Geschmack verwenden.

Die gesamte Masse in die Schweinemägen nicht zu stramm einfüllen, zubinden. Beide Mägen über Kreuz binden und mit einem Wurststipper mehrmals leicht einpiksen.

Zutaten:

2 Schweinemägen (beim Metzger sauber geputzt bestellen)
1.000g Schweineschulter
1.000g Schweinebauch
600g Kalbfleisch
600g Schweinezungen
1.000g Schweinekopffleisch
600g Schweineschwarten
250g Zwiebeln, 1l Milch
40g weißer Pfeffer, 5g Ingwer
15g Macisblüte, 15g Kümmel, ganz
50g flüssige Würze
Salz nach Geschmack

> Einen großen Topf mit Wasser auf 80 °C erhitzen und die Schweinemägen darin je nach Größe ca. 2 bis 3 Stunden ziehen lassen. Nachdem sie bei Raumtemperatur abgekühlt sind, im Kühlschrank aufbewahren.

Tellersülze
Chic in Aspik

Zutaten:

400g Schweinebraten, kalt
80g Karotten
80g Paprikaschoten
80g Gewürzgurken
80g Silberzwiebeln
10 Maiskölbchen
3 Eier
5 EL Weinessig
1 TL Petersilie
Aspik
1l Brühe
1 TL Majoran
Pfeffer

Zubereitung:

Aus dem Aspik nach Angaben des Herstellers unter Zunahme von einem Liter Brühe und dem Weinessig ein Gelee herstellen und erkalten lassen. Den Schweinebraten in Scheiben schneiden und in tiefe Teller verteilen.
 Karotten und Paprikaschoten säubern. Beides in Streifen schneiden und in wenig kochendem Wasser mit dem Majoran und Pfeffer kurz dünsten. Abkühlen lassen. Die Gewürzgurken in Fächer schneiden, Maiskölbchen und Silberzwiebeln halbieren. Die hart gekochten Eier schälen und achteln.

> Zwei tiefe Teller mit Schweinebratenscheiben auslegen, Gemüse darauf dekorativ verteilen und mit dem noch flüssigen Aspik übergießen. Im Kühlschrank erkalten und fest werden lassen.

Rheinische Schüsselsülze
Delikatesse in Gelee

Zutaten:

1.000g Schweinebratenstücke vom Sonntagsbraten, 1l Brühe
1 Glas Gewürzgurken (300ml)
15 Blatt weiße Gelatine
1 TL Wacholderbeeren
5 Lorbeerblätter, 1 TL Pfefferkörner
Pfeffer, Muskat, 4 EL Zucker
4 EL Weinessig

Zubereitung:

Schweinebratenstücke und Gewürzgurken würfeln. Die Brühe mit Wacholderbeeren, Lorbeerblättern, Pfefferkörnern zum Kochen bringen und 30 Minuten ziehen lassen. Alle Gewürzkörner mit der Schaumkelle aus der Brühe entfernen, Essig und Zucker darin auflösen. Fleisch- und Gurkenwürfel hineingeben, kurz aufkochen lassen und mit weißem Pfeffer aus der Mühle und einem Hauch Muskat abschmecken.

Nun wird die Gelatine eingeweicht, ausgedrückt und in der Sülzmasse aufgelöst. Alles kräftig durchmischen.

 1 Tonschüssel

Die Schüsselsülze in eine mit sehr heißem Wasser ausgespülte Tonschüssel einfüllen. Erkalten lassen, mit einer Folie abdecken und im Kühlschrank aufbewahren.

Info

Traditionsreicher Tropfen!

Zur Rheinischen Schüsselsülze reicht man – natürlich – ein kühles Kölsch, DAS Bier aus der Domstadt Köln. Wenn man der Überlieferung glauben darf, wurde das erste Fass im 12. Jahrhundert angestochen. Fast hundert Jahre vor den Bayern, nämlich bereits 1429, erließ die Stadt Köln ein Reinheitsgebot für ihren obergärigen Tropfen. Nicht nur deshalb erfreut er sich nach wie vor größter Beliebtheit. Die typische schmale «Kölschstange» mit einem geringen Volumen von 0,2 Litern sorgt dafür, dass das feine Bier nicht absteht. Wer sich dadurch bemüßigt fühlt, sein Glas flott zu leeren, sollte vor allem im Rheinland eines beachten: Es wird so lange ungefragt nachgeschenkt, bis ein Bierdeckel auf dem Glas das Ende des Durstes verkündet.

Norddeutsche Sülzwurstschüssel
Gibt Pfötchen

Zutaten:

1.200g Schweinenacken
800g Kasseler, 6 Schweinepfoten
6 Gewürzgurken, 10 Zwiebeln
3 Bd. Suppengrün, 375ml Weinessig
125g Zucker, 15 Blatt weiße Gelatine
Pfeffer, 9 TL Salz, ¼ TL Ingwer
¼ TL Kümmel, 5 EL Senfkörner
8 Lorbeerblätter, 30 Pfefferkörner

Zubereitung:

Schweinepfoten waschen, in einen großen Topf geben und mit viel kaltem Wasser bedecken. Salz, Pfefferkörner, Lorbeerblätter und die Senfkörner zugeben und im offenen Topf bei schwacher Hitze ca. 3½ Stunden garen. Danach werden das gesäuberte Suppengrün, der Weinessig, die geviertelten Zwiebeln, Zucker und das Fleisch zugegeben und bei offenem Topf weitere 1½ Stunden gegart. Wenn das Fleisch gar ist, aus der Brühe nehmen und beiseitestellen. Den Sud erkalten lassen, entfetten und kurz aufkochen. Anschließend durch ein Sieb passieren.

Die Möhren und die Gewürzgurken in Scheiben, den Sellerie in Würfel schneiden. Das Fleisch in gleichmäßige Würfel von ca. 2 x 2 Zentimeter schneiden.

Wer einen Hund besitzt, darf ihm die nicht mehr benötigten Schweinepfoten servieren.

Den entfetteten Sud kurz aufkochen lassen, die eingeweichte, ausgedrückte Gelatine darin glattrühren und fein würzig mit Salz, Pfeffer, Ingwer und dem Kümmel abschmecken.

1 große Keramikschüssel

Das Fleisch mit dem Gemüse in eine Schüssel füllen und mit so viel Sud aufgießen, dass die Sülzmasse gut bedeckt ist. Alles kräftig umrühren und noch etwas Sud hinzugießen, an einem kühlen Ort erkalten lassen. Die schnittfest gewordene Sülzwurst mit einer Alufolie bedecken und im Kühlschrank aufbewahren.

Königliches aus dem Wasserbad
Pasteten – mal fein, mal handfest

Welch Festtagsfreude! Wenige Fleischwaren werden so spontan mit hoher Küchenkunst in Verbindung gebracht wie die feine Pastete. «Zu aufwendig», denken Sie? Keinesfalls! Meine Rezepte sind so leicht nachzukochen, dass ab jetzt jeder Tag ein Pastetentag ist.

Lange Zeit galt die Pastete wegen ihrer aufwendigen, auf optische Reize ausgelegten Herstellungsweise als repräsentatives Gericht. Sie hatte ihren festen Platz auf den Banketten dieser Welt. Für ihre Zubereitung wurde sogar ein eigener Beruf geschaffen: der Pastetenbäcker.

Einfach königlich

In der Renaissance brummte das Geschäft mit der Delikatesse aus dem Topf, besonders am französischen Königshof war sie der Höhepunkt des Festmahls. Lassen Sie sich aber nicht von «Ihro Majestät» Pastete abschrecken. Im Grunde ist sie nichts anderes als eine brühwurstartige Fleischware. Darin dürfen Sie alle nur erdenklichen Fleischarten verarbeiten. Oder verwenden Sie ruhig Gemüse, um geschmackliche oder optische Akzente zu setzen. Ganz zu schweigen von den Möglichkeiten, die eine Hülle aus Speck oder Teig bietet!

In Form bringen

Für Pasteten gibt es spezielle Formen aus Edelstahl oder Aluminium. Eine klassische Kastenkuchenform erfüllt den gleichen Zweck. Welches Volumen hat das Gefäß? Finden Sie keine Angaben, können Sie Ihre Form «auslitern»: Einfach Wasser in die Form geben, bis sie beinahe gefüllt ist. Ein bis zwei Zentimeter unter dem Rand sollte der Füllspiegel liegen. Die Flüssigkeit anschließend in einen Messbecher schütten und die Menge an der Skala ablesen. Auf einen Liter Füllvolumen kommen etwa 800 Gramm Pastetenmasse.

Garen im Wasserbad

Wurde die Pastetenmasse sorgfältig und ohne Lufteinschlüsse in ihrer Form verteilt, geht es nun ab in den Backofen. Aber nicht ohne Wasserbad, sie soll ja nicht austrocknen.

Je nach Größe des Pastetengefäßes stellen Sie es im Backofen in eine feuerfeste Pfanne oder ein tiefes Backblech. Füllen Sie nun Wasser in dieses Untergefäß. Lassen Sie es unter Einhaltung meiner Temperatur- und Zeitangaben darin garen. Haben Sie Zweifel, stechen Sie während des Garvorgangs – wie beim Kuchenbacken – mit einem Holz- oder Metallspieß in die Mitte der Pastete. Lässt sich der Spieß ohne Rückstände herausziehen, ist der Leckerbissen gar.

Jetzt müssen Sie sich nur noch ein wenig gedulden, denn erst nach dem Erkalten ist die Pastete schnittfest. Übrigens, Pasteten können sehr gut über einige Wochen eingefroren werden. So ist der Festtagsschmaus jederzeit griffbereit.

So gelingt es

Schön saftig

Verwenden Sie nach Möglichkeit immer Pastetenformen mit Deckel. Haben Sie die nicht zu Hand, bedecken Sie das Gefäß mit einem Stück Aluminiumfolie, um das Austrocknen des Leckerbissens während des Garprozesses zu vermeiden. Gegebenenfalls sollten Sie einige Löcher zum Dampfablassen in den Foliendeckel piksen. Die Flüssigkeit des Wasserbads darf nie ganz verdampfen, deshalb wiederholt kontrollieren und im Bedarfsfall nachfüllen.

Zarter Fleischkäse
Ei, wie fein!

Zutaten:

2.000g frische Schweineleber
3.000g frische Schweinebacken
2 Zwiebeln, 50g Butter, 2 Eier
dünne Speckscheiben
90g Kochsalz, 6g weißer Pfeffer
2g Muskatblüte, 2g Ingwer
10g Vanillezucker

Zubereitung:

Die Schweineleber in Streifen schneiden und in warmem Wasser kurz anbrühen. Die Zwiebeln schälen, hacken und in Butter goldgelb dünsten. Zu der Leber geben und mit Kochsalz vermischen. Zweimal durch die feine Scheibe des Fleischwolfes drehen.

Die Schweinebacken in Stücke schneiden und in siedendem Wasser kernig garen. Durch die feine Scheibe des Fleischwolfes drehen. Die gesamte Wurstmasse mit den Gewürzen und den Eiern gründlich verrühren, so dass eine gute Bindung entsteht.

Mehrere Blech- oder Pastetenformen. Für die angegebene Fleischmenge werden Gefäße mit insgesamt 6,25 Litern Fassungsvermögen benötigt.

Backofen vorheizen. Die Pastetenkästen mit den dünnen Speckscheiben auslegen und den Fleischkäse ohne Luftzwischenräume einfüllen, die Oberfläche glatt streichen, mit Alufolie abdecken. Formen in tiefes Backblech oder Bratpfanne stellen und mit Wasser auffüllen. Das Ganze je nach Größe der Form zwischen ein und 2½ Stunden im Backofen bei 90 °C gar kochen.

Nach vollständigem Erkalten den Fleischkäse aus den Kästen stürzen und in Alufolie einschlagen. Im Kühlschrank aufbewahren und kurzfristig aufbrauchen.

Kalbfleisch-Pastete
Saftiger Nussknacker

Zutaten:
250g Kalbfleisch (Hals)
180g Holsteiner Katenschinken
180g Geflügelleber, 180g fetter Speck
½ Bd. Petersilie, 4 EL Cognac
⅛l Wasser, 3 Eier, 100g Walnüsse
150g Kochschinken (Würfel, 3cm groß)
2g weißer Pfeffer, 2g schwarzer Pfeffer
10g Kochsalz, 3 Lorbeerblätter

Zubereitung:
Kalbfleisch, Katenschinken, Geflügelleber, Speck und Petersilie vermischen. Alles zusammen durch die feine Scheibe des Fleischwolfs drehen. Cognac, Eier, Wasser, Gewürze und das Kochsalz zugeben und auf Bindung vermengen. Zum Schluss für einen knackigen Biss die Walnüsse und den gewürfelten gekochten Schinken unterheben.

1 Pastetenform mit Deckel

Die Pastetenform gut einfetten, Pastetenmasse luftfrei einfüllen und mit ein paar Streifen fettem Speck und 3 Lorbeerblättern belegen. Mit dem Deckel verschließen und im vorgeheizten Backofen im Wasserbad bei 150 °C ca. eine Stunde garen.

Im Kühlschrank aufbewahren und kurzfristig aufbrauchen.

Feinschmecker-Pâté
Zum Dahinschmelzen

Zutaten:

500g Schweinefleisch (Hals)
500g Schweinebauch
300g Schweineleber, 3 Zwiebeln
3 saure Äpfel, 100g Butter, 2cl Madeira
6g weißer Pfeffer, 2g Muskatblüte
2g Majoran, 1 TL Vanillezucker

Zubereitung:

Das Schweinefleisch und den Schweinebauch in ca. vier Zentimeter große Stücke schneiden. Zwiebeln schälen und fein hacken. Für eine zarte Säure sorgen die Äpfel, geschält, in Scheiben geschnitten und entkernt. Die Leber klein schneiden und zweimal durch die feine Scheibe des Fleischwolfes drehen. Schweinefleisch, Schweinebauch, Zwiebeln und Äpfel in der Butter anbraten, alles miteinander durch die grobe Scheibe des Fleischwolfes lassen. Die Leber, alle weiteren Zutaten und die Gewürze zugeben und gut vermengen.

1 Tonschale

Die Pâtémasse in die Tonschale einfüllen, die Oberfläche leicht befeuchten und mit einer Alufolie abdecken. Die Tonschale im vorgeheizten Backofen in einem Wasserbad bei 150 °C ca. zwei Stunden garen.

Im Kühlschrank aufbewahren und kurzfristig aufbrauchen.

Wild-Pastete «Hubertus»
Jägerschmaus

Zutaten:

300g Wildfleisch ohne Sehnen
400g fettreicher Schweinebauch
3 trockene Brötchen, ½l Milch
50g Butter, 3 Eier
5g weißer Pfeffer, 5g Rosenpaprika
2g Muskatblüte, 2g Muskatnuss
2g gem. Nelken, 3g Thymian
5g Majoran, 4g Kardamom
2g gem. Ingwer, 1 TL Vanillezucker
20g Kochsalz

Für die Teigmasse:

500g Mehl, 100g Schweineschmalz
10g Kochsalz, ca. ⅛l Wasser

Zubereitung:

Für den Teig alle Zutaten miteinander glatt kneten. Diese Masse abgedeckt im Kühlschrank für etwa sechs Stunden ruhen lassen. Danach ausrollen und die Pastetenform damit auslegen.

Auch für den Pastetendeckel entsprechend Teigmasse herstellen und zwei bis drei etwa zwei Zentimeter große, runde Löcher ausstechen.

Die trockenen Brötchen in der Milch einweichen und ausdrücken. Samt Wildfleisch und Schweinebauch zweimal durch die feine Scheibe des Fleischwolfes drehen. Butter schön schaumig rühren und mit den gesamten Zutaten und den Gewürzen gut vermengen, dabei auf Bindung achten.

---

1 Pastetenform

Die Pastetenmasse luftfrei in die ausgelegte Pastetenform einfüllen und mit dem ausgestochenen Pastetendeckel verschließen. Vom restlichen Teig können einige Verzierungen ausgestochen werden. Mit Eigelb bestreichen und auf dem Pastetendeckel platzieren. Die Pastete im vorgeheizten Backofen ca. 70 Minuten bei 180 °C backen.

Im Kühlschrank aufbewahren und kurzfristig aufbrauchen.

Altmeister-Traum
Sahniges Vergnügen

Zubereitung:

Schweineleber, fetten Speck, Tatar und die Schweineschulter in ca. drei Zentimeter große Stücke schneiden. Alles hübsch nacheinander durch die feine Scheibe des Fleischwolfes drehen. Dann in einer Schüssel miteinander vermischen.

Zwiebeln und Knoblauchzehen schälen, fein hacken und in der Hälfte des Fettes glasig dünsten. Hinein zum Fleisch damit.

Nun das Fett ebenfalls erhitzen und die Geflügelleber kurz darin anbraten. Mit Deckel drei Minuten gar ziehen lassen und zum Abkühlen herausnehmen. Bratensatz mit Weinbrand ablöschen und zu der Fleischmasse geben. Für den richtigen Schmelz Sahne zugeben, außerdem mit Zitronensaft, Zitronenschale, Mehl, Ei, Thymian, Nelken, Piment, Pfeffer und Salz vermischen. Zu guter Letzt den Kochschinken würfeln und unter die Masse heben.

1 Pastetenform mit Deckel

 Pastetenform mit den Speckscheiben auslegen, dabei soll der Speck am Rand ca. ein bis zwei Zentimeter überstehen. Die Hälfte der Wurstmasse in die Pastetenform luftfrei einfüllen und die gebratene Geflügelleber als breiten Streifen in der Mitte verteilen. Restliche Wurstmasse darauf verteilen und fest in die Form drücken. Eine Speckplatte darauf legen und den Speckrand darüberklappen, fest andrücken. Aus Cayennepfefferschoten, Lorbeerblättern und Pfefferkörnern ein Muster auf dem Speck anrichten.

Backofen vorheizen auf 180 °C. Pastetenform mit einem Stück Alufolie abdecken und dann den Deckel aufsetzen, in einem Wasserbad, das bis zur Mitte der Pastetenform reicht, in den Ofen schieben und ca. zwei Stunden garen.

Im Kühlschrank aufbewahren und kurzfristig aufbrauchen.

Zutaten:

250g Schweineleber
125g fetter Speck, 500g Tatar
250g Schweineschulter
4 dünne große Scheiben fetter Speck
30g Butter, 250g Geflügelleber
2cl Weinbrand, 1 EL süße Sahne
1 TL Zitronensaft
1 Messerspitze abgeriebene Zitronenschale, 1 EL Mehl, 1 Ei
100g Kochschinken
2 Zwiebeln, 1 Knoblauchzehe
½ TL Thymian
je 1 Prise gem. Nelken und Piment
½ TL schwarzer Pfeffer, 2 TL Kochsalz
Lorbeerblätter, Cayennepfefferschoten und Pfefferkörner

Leberpastete
Kräftig gewürzt

Zutaten:
500g Kalbfleisch
500g frische Schweineleber
250g fetter Speck
250g Zwiebeln
50g Butter
⅛l süße Sahne
Pfeffer, Kochsalz
Majoran, Muskat

Zubereitung:
Kalbfleisch mit Salz und Pfeffer einreiben und in der Butter anbraten. Speck in grobe Stücke schneiden und durch den Fleischwolf drehen. Zwiebeln schälen und fein hacken. Speck in eine Pfanne geben und bei schwacher Hitze ausbraten, die Zwiebeln darin glasig dünsten.

Kalbfleisch und 400 Gramm Schweineleber in grobe Stücke schneiden und durch den Fleischwolf drehen. Restliche Leber in grobe Würfel schneiden. Alle Zutaten gut vermengen, auf Bindung achten und mit Salz, Pfeffer, Majoran und ein wenig Muskat würzen. Zum Schluss die Sahne zugeben und vermengen.

Leberpastete
1 Pastetentopf

Das Leberwurstbrät in einen Pastetentopf füllen und mit Aluminiumfolie abdecken. Im vorgewärmten Backofen den Topf in die Bratpfanne setzen und diese mit Wasser auffüllen. Bei 200 °C 60 Minuten garen lassen. Wichtig: Nach 30 Minuten die Folie abnehmen.

Im offenen Topf erkalten lassen, anschließend erneut mit Alufolie abdecken und im Kühlschrank aufbewahren.

Sardellen-Leberwurst
1 Pastetenform

Das Leberpastetenbrät in die Pastetenform füllen und diese mit einer Alufolie abdecken. Im vorgeheizten Backofen bei 180 °C im Wasserbad zwei Stunden backen.

Im Kühlschrank aufbewahren und kurzfristig aufbrauchen.

Sardellen-Leberpastete
Gelungene Kombination

Zutaten:
700g Schweineleber
500g frischer fetter Speck
100g Sardellen
5 Zwiebeln
3 Eier
100g Mehl
¼l süße Sahne
¼l Milch
Pfeffer, Kochsalz
1 Prise gem. Nelken
1 Prise Muskat

Zubereitung:
Leber gut säubern und mit dem Speck in Streifen schneiden. Beides durch die Zwei-Millimeter-Scheibe des Fleischwolfes drehen. Zwiebeln häuten und in Stücke schneiden. Sardellen filetieren. Zwiebeln und die Sardellen zusammen mit der Leber-Speck-Masse noch einmal durch den Fleischwolf drehen. Mehl und Sahne verquirlen und zu der Lebermasse geben. Milch und Eier verfeinern den Mix, der mit den Gewürzen kräftig abgeschmeckt und auf gute Bindung vermischt wird.

Genuss auf einen Streich
Meine Brotaufstrich-Spezialitäten

Alles nur Schmalz? Da irren Sie sich. Mit meinen anschmiegsamen Gesellen kommt Abwechslung auf die Stulle. Dank der folgenden Rezepte wird aus jeder Brotzeit ein Highlight. Sie machen einfach aus jedem Stück Brot eine kleine Delikatesse. Worauf warten Sie noch, schmieren Sie sich eins!

Seien Sie ehrlich: Brotaufstriche sind etwas Wunderbares. Mit einem Messerstreich rauf aufs Brot, und fertig ist der Gaumenschmaus. Die zart schmelzende Konsistenz zergeht auf der Zunge, während die Brotkruste dazu herzhaft kracht. Aber aus dem Kühlregal im Supermarkt? Sehen Sie, das entlockt Ihnen schon lange keine Begeisterungsstürme mehr. Dieser Einheitsbrei mit künstlichen Geschmacksnoten. Und was da alles drinsteckt! Verdickungsmittel, Farb- und Konservierungsstoffe sind erst der Anfang.

Dabei ist es kinderleicht, ein ehrliches Schmalzfleisch oder ein feines Gänsetöpfchen zu Hause selbst zu produzieren. In ansehnlichen Wurstgläsern lassen sie sich eine Weile aufbewahren und machen sich auch als Mitbringsel sehr gut.

Die Herstellung von Schmalztöpfen hat eine traditionsreiche Geschichte. Mal wieder waren es die Franzosen, die vor rund 800 Jahren einen nahen Verwandten meiner Brotaufstriche erfanden: die Rillettes. Sie entstanden aus Fleischtöpfen, die zur besseren Haltbarkeit mit Schmalz verschlossen wurden. Ich stelle Ihnen einige überlieferte Familienrezepte vor, die zwar nicht so alt sind, aber ausschließlich auf natürlichen Zutaten basieren. Da wissen Sie genau, was Sie sich und Ihren Lieben vorsetzen.

Jetzt müssen Sie nur noch dafür sorgen, dass das verwendete Fleisch vom Metzger Ihres Vertrauens mit hoher Qualität geliefert wird.

So gelingt es

Weiß wie Schnee

Das Schmalz für die Brotaufstriche soll nach dem Erkalten eine frische und leuchtend weiße Farbe haben. Also dürfen Sie es beim Auslassen nicht zu scharf anbraten.

Ohne Stich

Einen runden Geschmack gewinnt Ihr Aufstrich, wenn die Flomen ganz frisch ausgebraten werden. Gerät durch lange Lagerung zu viel Luft an das Fett, oxidiert es und schmeckt schnell stichig – was sich durch das Braten leider noch verstärkt.

Hausgemachtes vom Hähnchen
Gockel im Gemüsebeet

Zutaten:

350g Hähnchenfleisch
ohne Haut und Knochen
200g magere Schweineschulter
200g fetter Speck, 1 Ei
50g Butter, 2 Zwiebeln
1 Knoblauchzehe, 150g Sahne
250g Gartengemüse, tiefgekühlt
1 TL weißer Pfeffer, ¼ TL Muskatblüte
2 TL Salz

Zubereitung:

Das Fleisch und den Speck in kleine Stücke schneiden. Zwiebel und die Knoblauchzehe häuten, klein hacken und in der Butter glasig dünsten. Inklusive Fleisch und Speck durch die feine Scheibe des Fleischwolfes drehen. Die gesamten Zutaten, bis auf das Gartengemüse, mit den Gewürzen gut vermengen. Danach das aufgetaute Gartengemüse vorsichtig unterziehen.

Für beide Rezepte gilt:

ca. 25 Einkochgläser à 200g mit Schraubverschluss.

Die Gläser kurz in warmes Wasser eintauchen, Wurstmasse einfüllen, Oberfläche glatt streichen. Zwischen Wurst und Deckelrand etwas Luftraum freilassen, damit sich die Wurstmasse beim Kochen ausdehnen kann. Die Gläser bei 100 °C 60 Minuten kochen.

In handwarmem Wasser abkühlen lassen und im Kühlschrank oder Keller aufbewahren.

Truthahn-Parfait
Beschwipster Puter

Zutaten:

**400g Truthahnfleisch
ohne Haut und Knochen
150g Geflügelleber
150g geräucherter Speck
75g Toastbrot, 3 Eier, 7 EL Portwein
150ml süße Sahne, 20g Butter
1 TL weißer Pfeffer, ½ TL Muskatblüte
½ TL Kardamom, ½ TL Kochsalz**

Zubereitung:

Das Truthahnfleisch und die Geflügelleber werden klein geschnitten. Toastbrot und Speck würfeln. Den Speck in der Butter leicht anbraten und das Toastbrot mit hinzugeben. Beides mit dem Truthahnfleisch und der Geflügelleber vermischen und zweimal durch die feine Scheibe des Fleischwolfes drehen. Die gesamte Masse nun mit den restlichen Zutaten und den Gewürzen vermengen und auf eine gute Bindung achten. Eventuell noch etwas Mehl hinzufügen.

Hausgemachtes von Jan Maat
Schmalz ahoi!

Zutaten:

1.000g Schweineschulter
1.000g Schweinebauch
150g Schweineschmalz
4 Zwiebeln, ½l gekörnte Brühe
10g Pfeffer, 5g Paprika, 2g Muskat
2g Piment, 5g Selleriesalz

Zubereitung:

Die Schweineschulter von den Sehnen befreien und in etwa drei Zentimeter große Stücke schneiden. Den Schweinebauch entsprechend zerlegen und in der Brühe garen. Im Schweineschmalz die Schulterstücke von allen Seiten schön kross anbraten und in eine große Schüssel geben. Zwiebeln schälen, fein hacken und in der Schmalzpfanne anbraten. Das Ganze mit der Brühe ablöschen und dem Fleisch zugeben.

Schweineschulter, Schweinebauch, Zwiebeln gut vermischen und durch die Zwei-Millimeter-Scheibe des Fleischwolfes drehen. Die gewolfte Masse mit den Gewürzen gut vermischen, dabei auf Bindung achten.

ca. 25 Einkochgläser à 200g mit Schraubverschluss.

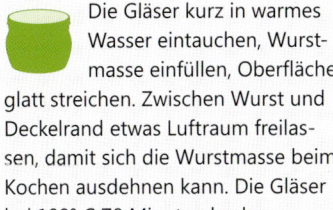

Die Gläser kurz in warmes Wasser eintauchen, Wurstmasse einfüllen, Oberfläche glatt streichen. Zwischen Wurst und Deckelrand etwas Luftraum freilassen, damit sich die Wurstmasse beim Kochen ausdehnen kann. Die Gläser bei 100° C 70 Minuten kochen.

In handwarmem Wasser abkühlen lassen und im Kühlschrank oder Keller aufbewahren.

Schmalzfleisch
Hat's in sich

Zutaten:

2.000g frischer Schweinebauch
2.000g frischer fetter Speck
600g Flomen
200g frische Schweineschwarten
200g Zwiebeln, 50g Butter
50g Kochsalz
10g gem. weißer Pfeffer
2g gem. Lorbeerblätter

Zubereitung:

Schweinebauch, Speck und Flomen in grobe Stücke schneiden. Alles mit Salz, Pfeffer und Lorbeer vermischen und ab durch die Drei- bis Fünf-Millimeter-Scheibe des Fleischwolfes. Die Zwiebel schälen, grob hacken und in der Butter glasig dünsten. Schweineschwarten gar kochen und mit den Zwiebeln durch die feine Zwei-Millimeter-Scheibe des Fleischwolfes drehen. Unter die Masse mischen, so dass etwas Bindung entsteht. Herzhaft abschmecken.

ca. 25 Einkochgläser à 200g mit Schraubverschluss.

Die Gläser kurz in warmes Wasser eintauchen, Wurstmasse einfüllen, Oberfläche glatt streichen. Zwischen Wurst und Deckelrand etwas Luftraum freilassen, damit sich die Wurstmasse beim Kochen ausdehnen kann. Die Gläser bei 100 °C 80 Minuten kochen.

In handwarmem Wasser abkühlen lassen und im Kühlschrank oder Keller aufbewahren.

Griebi-Schmalz
Lecker zwiebelig

Zutaten:
**900g Griebenschmalz
100g Röstzwiebeln
5g gem. weißer Pfeffer
1g Muskatblüte
20g Kochsalz**

Zubereitung:
Das Griebenschmalz in einem Topf bei schwacher Hitze sämig werden lassen. Nun die Röstzwiebeln mit dem weißen Pfeffer, der Muskatblüte und dem Kochsalz unterrühren und gut vermischen.

---

1 Steinguttopf

 Das Griebi-Schmalz in einen gut gereinigten und trockenen Steintopf einfüllen. Erkalten lassen und mit einen Deckel oder Alufolie verschließen und im Kühlschrank aufbewahren.

Knoblauchschmalz
Atemberaubend lecker

Zutaten:
**500g magerer geräucherter Speck
250g Schweineschmalz
10 Knoblauchzehen, 2 Zwiebeln
1 EL Petersilie, Pfeffer, Rosenpaprika**

Zubereitung:
Den Speck in kleine Würfel schneiden und in der Pfanne bei schwacher Hitze mit den gehackten Zwiebeln ausbraten. In den Tontopf geben und abkühlen lassen. Knoblauchzehen schälen, schneiden und zerdrücken. Mit der Petersilie unter die Speckwürfel mischen. Anschließend mit schwarzem Pfeffer und dem Rosenpaprika ordentlich würzen.

---

1 Tontopf

 Das Schweineschmalz lauwarm erhitzen und unter die Speckmasse rühren, bis alles gut geschmeidig ist. Im Kühlschrank durchkühlen lassen.

Gepfeffertes Gänschen
Abgebrüht

Info

Gans frisch!

Wenn ich Gänsefleisch für ein Wurstprodukt benötige, kaufe ich stets frische Ware und vermeide den Griff in die Tiefkühltruhe. Vor allem im Winterhalbjahr, etwa ab dem Martinstag, gibt es die Schnattertiere beim Metzger oder im Direktverkauf ab Bauernhof.

1 Tontopf

 Die Masse zusammen mit dem Brustfleisch ohne Lufteinschlüsse in einen Tontopf einfüllen.

Die Gänsebrühe kalt werden lassen, das erstarrte Fett abheben und wieder schmelzen lassen. So flüssig auf die Oberfläche der Wurstmasse gießen. Im Kühlschrank gut erkalten lassen. Zum Servieren mit Lorbeerblättern garnieren.

Zutaten:

**3.000g Gans, 3½l Brühe
4 Zwiebeln, 2 EL Pfefferkörner
2 TL Kochsalz, 5 TL Thymian
8 Lorbeerblätter, gem. weißer Pfeffer**

Zubereitung:

Die Gans vierteln. Samt Innereien in der Brühe mit Zwiebeln, Salz, Pfefferkörnern, Lorbeerblättern und vier Teelöffeln Thymian aufsetzen. Vier bis fünf Stunden geduldig köcheln lassen. Die gebrühte Gans häuten, das Fleisch von den Knochen lösen und das Brustfleisch in Stücke schneiden. Das restliche Fleisch in faserige Stücke zerkleinern und mit Salz, weißem Pfeffer und einem Teelöffel Thymian abschmecken. Mit so viel Brühe verrühren, bis die Masse geschmeidig ist.

Herzhafter Schweinetopf
Schmalziges Ringelschwänzchen

Zutaten:

2.500g Schweinenacken
125g Schweineschmalz
3½l Brühe, 2 Schalotten
4 TL gem. weißer Pfeffer, 2 TL Kochsalz
5 TL Thymian, 10 Lorbeerblätter

Zubereitung:

Schweinenacken mit Gewürzen und Schalotten in der kalten Brühe aufsetzen und vier bis fünf Stunden im offenen Topf siedend köcheln lassen, aber nicht kochen. Fleisch aus der Brühe nehmen und die Knochen entfernen. Das Schweinefleisch in faserige Stücke zerkleinern und so viel Brühe hinzugeben, dass die Masse schön streichzart wird.

1 Tontopf

In einen Tontopf einfüllen, so dass keine Hohlräume entstehen, und die Oberfläche mit flüssigem Schweineschmalz übergießen. Im Kühlschrank gut erkalten lassen.

Fasskaninchen
In Weißwein gegart

Zutaten:

1 großes Hauskaninchen,
1.200g Schweinefleisch, 600g frische
Flomen, 300ml Muscadet Weißwein
Pfeffer, Kochsalz, 1 Prise Majoran
5 Lorbeerblätter

Zubereitung:

Das Kaninchen von den Knochen befreien, entsehnen und in kleine Würfel schneiden. Schweinefleisch und die Flomen von Sehnen trennen und fein würfeln.

In einen hohen Topf mit Sandwichboden einen Liter Wasser füllen. Kaninchen, Schweinefleisch und die Flomen hineinlegen, salzen und würzen. Deckel drauf und bei mittlerer Hitze kochen lassen. Umrühren zwischendurch nicht vergessen.

Wenn nach etwa 150 Minuten das Fleisch weich ist, wird der Muscadet dazugegossen. Den Topf vom Herd nehmen und mit einem Tuch bedeckt 15 Minuten ziehen lassen.

1 Keramiktopf

In einen Keramiktopf füllen und im Kühlschrank aufbewahren. An der Oberfläche bildet sich Fett, das zur Konservierung der Wurstmasse dient.

Eifeler Brotaufstrich
Exotik im Mittelgebirge

Zutaten:

600g frischer durchwachsener Schweinebauch
200g geräucherter Schweinebauch
200g Schinkenspeck
5g schwarzer Pfeffer
5g gem. Ingwer
5 Ingwerscheiben
5g Kochsalz

Zubereitung:

Der Schweinebauch wird in einem Topf mit fünf Ingwerscheiben gar gekocht. Am gekochten und am geräucherten Schweinebauch sowie am Schinkenspeck die Schwarten entfernen. Alles klein schneiden und durch die feine Scheibe des Fleischwolfes drehen. Die gesamten Zutaten nun mit den Gewürzen gut vermengen und herzhaft abschmecken.

1 Steinguttopf

 In einen Steinguttopf einfüllen, erkalten lassen, mit einem Deckel oder einer Alufolie abdecken und im Kühlschrank aufbewahren.

Echte (Haus-)Mannskost
Leckere Gerichte mit Wurst

Selbstgemachte Wurst nach Altmeister-Hausschlachter-Art schmeckt mit oder ohne Brot. Aber sie kann noch viel mehr: Es lassen sich daraus viele herzhafte Speisen zubereiten. Ob warme Mahlzeit oder rustikaler Salat – wie wäre es denn mal mit einem Wurstdinner?

Für alle, die ihre selbst hergestellte Wurst nicht nur zum Frühstück oder Abendessen aufs Brot legen möchten, habe ich eine gute Nachricht: Dieses Fleischprodukt ist so vielseitig, das es nach Lust und Laune in Ihren Speiseplan passt.

Heiß und kalt

Als Erstes fällt Ihnen dazu vielleicht der Wurstsalat ein. Ein echter Klassiker, den es in so vielen Varianten gibt, wie Fettaugen auf der Wurstbrühe schwimmen. Fast jede Region in Deutschland kennt eine eigene Rezeptur. Und auch vor der Landesgrenze macht er nicht halt, denken wir nur an den Schweizer Wurstsalat mit Emmentaler Käse.

Wer Lust auf eine warme Mahlzeit hat, ist mit selbst gemachter Wurst ebenfalls gut beraten. Glauben Sie nicht, Wurstgulasch und Würstl im Schlafrock seien die einzigen Möglichkeiten. Meine kleine Auswahl von Wurstgerichten wird Sie schnell eines Besseren belehren.

Himmel trifft Erde

Nehmen wir zum Beispiel «Himmel und Ääd», ein Original aus meiner Heimat. Seit mehr als 200 Jahren genießt man dieses Wurstgericht an Rhein und Ruhr. Einfach raffiniert, das Zusammenspiel aus würziger Wurst, nahrhafter Kartoffel und feiner Apfelsäure. Das ist Hausmannskost auf ganz hohem Niveau! Ähnlich

verhält es sich mit den «Blauen Zipfeln». Weckt der Name zunächst auch merkwürdige Assoziationen, im Fränkischen sind die in Essigsud gegarten Nürnberger der Inbegriff deftiger Wurstküche.

«Blau» werden die Würste durch das Garen übrigens nicht, sondern eher blass. Aber vielleicht stammt der Name auch daher, dass schon mancher dieses Gericht als perfektes Katerfrühstück lieben lernte.

Übersee grüßt Unterschleißheim

Regionalküche ist etwas Feines, aber darüber hinaus möchten Sie Wurstkreationen aus aller Welt genießen? Für mich, der als Foodhunter viel unterwegs war, sind internationale Gerichte eine große Inspiration. Es muss nicht immer Hot Dog sein. Probieren Sie doch mal meinen Gänse-Burger von Seite 148.

Für welche Speisen Sie sich auch entscheiden: Das Beste daran ist, dass Sie den Rohstoff dafür selber produziert haben. Sie wissen, was «drin» steckt. Weder Zusatzstoffe, noch Chemie oder Gammelfleisch wurden hier verwurstet. Einfach ehrliches Essen. Also, hauen Sie rein!

Himmel und Ääd
Wo der Himmel die Erde berührt

Zutaten:

600g Hausgemachte Blutwurst
60g geräucherter Speck
1.000g Kartoffeln, 40g Butter
2 Äpfel, 4 Zwiebeln, ½l Milch, Mehl
2 Prisen Muskatnuss, Petersilie

Zubereitung:

Die Zwiebeln schälen und mit dem Speck klein würfeln. Äpfel ebenfalls schälen, vom Kerngehäuse befreien und in Stückchen hacken. Den Speck in der Pfanne erhitzen, Zwiebeln zugeben und goldbraun rösten. Einen Stich Butter hinzufügen. Nun den Zwiebelspeck aus der Pfanne nehmen und warm stellen.

Die gekochten Kartoffeln durch die Presse drücken, Butter und Muskatnuss zugeben und mit so viel heißer Milch vermengen, dass ein gebundener Kartoffelbrei entsteht. Die Blutwurst in ca. zwei Zentimeter dicke Stücke schneiden und in Mehl wenden. In die Pfanne mit dem Zwiebelfett noch etwas Butter geben und die Blutwurst von beiden Seiten zwei Minuten braten. Ebenfalls herausnehmen und warm stellen.

Nun sind die Apfelstücke dran: In der Pfanne kurz dünsten und unter den Kartoffelbrei heben. Den Kartoffel-Apfel-Brei auf angewärmten Tellern anrichten. Die appetitlich gebratenen Blutwurstscheiben darauf anrichten und mit dem Zwiebelspeck übergießen. Fürs Auge: mit einem Strauß Petersilie garnieren.

Blaue Zipfel
Sauer macht lustig

Zutaten:

**24 Nürnberger Schweinswürstl
3 Zwiebeln, 3 kl. Möhren, ½ St. Sellerie
300ml Weinessig, 1 TL Pfefferkörner
1 EL Kochsalz, 5 Lorbeerblätter
10 Wacholderbeeren**

Zubereitung:

Zunächst Zwiebeln schälen und in Ringe schneiden. Möhren säubern und in Scheiben schneiden. Sellerie säubern und klein würfeln. 2½ Liter Wasser mit Weinessig, Salz, Pfeffer, Lorbeerblättern und Wacholderbeeren zum Kochen bringen. Das Gemüse fünf Minuten darin garen. Nun die Hitze reduzieren und die Nürnberger Schweinswürstl zehn Minuten in der Brühe ziehen lassen. Aber nicht kochen!

Die Würstchen herausnehmen und in tiefen, vorgewärmten Tellern anrichten. Eine Kelle vom Sud mit Gemüse darübergießen und heiß servieren. Dazu reicht man eine Maß Bier, Bauernbrot oder Laugenbrezel.

Fleischkäse-Salat
Fürs Picknick

Zutaten:

500g Fleischkäse
3 hartgekochte Eier
300g Speisequark (20% Fett)
3 Bd. Radieschen
3 TL Petersilie
2 TL Schnittlauch
1 TL Dill
gem. weißer Pfeffer
Kochsalz

Zubereitung:

Radieschen, Petersilie, Dill und Schnittlauch waschen und putzen. Radieschen in Scheiben schneiden. Die Kräuter fein hacken. Fleischkäse in Würfel von ca. 1½ Zentimetern schneiden und mit den Radieschen vermischen. Den Quark mit etwas Wasser verrühren und die Kräuter untermischen. Mit Salz und Pfeffer abschmecken. Zum Schluss die Fleischkäsewürfel zugeben und den Salat mit den geviertelten hart gekochten Eiern garnieren.

Biergarten-Salat
Ein Rheinländer in Bayern

Zutaten:

500g Rheinischer Schwartenmagen, grau
250g Blutwurst, 1 Zwiebel
1 Gewürzgurke

Marinade:

Olivenöl, Weinessig, ½ TL Maggiwürze Pfeffer, Salz, 1 EL Petersilie

Zubereitung:

Den Rheinischen Schwartenmagen, Blutwurst, Zwiebel und die Gewürzgurke zu Würfeln von etwa 2 x 2 Zentimetern schneiden. Alle Zutaten mit der Marinade vermengen, herzhaft abschmecken und im Kühlschrank gut durchziehen lassen.

Gänseburger
Federvieh amerikanisch

Zutaten:
4 Burgerbrötchen
400g Gänsefleisch
50g Gänseschmalz
160g Staudensellerie, 1 Tomate
3 Eier, 4 TL geröstete Zwiebeln
Pfeffer, Kochsalz, Majoran, Paprika

Zubereitung:
Gänsefleisch klein schneiden. Staudensellerie putzen und schneiden. Beides zusammen durch die feine Scheibe des Fleischwolfes drehen.
Die Eier aufschlagen, verquirlen und dem Gänsefleisch zugeben. Mit Paprika, Pfeffer, Salz und Majoran würzen. Alles kräftig vermengen, damit eine gute Bindung entsteht. Die Masse zu runden Burgern formen und im Gänseschmalz von beiden Seiten jeweils fünf Minuten bei mittlerer Hitze braten. Burgerbrötchen halbieren, mit einer Tomatenscheibe belegen, mit gerösteten Zwiebeln bestreuen. Hinein mit dem Gänseburger und servieren.

Ran an die Wurst
Willkommen in meinem «Wurst Wide Web»

Klar, Selberwursten ist ein großer Spaß. Aber können Sie sich vorstellen, was noch mehr Stimmung bringt? Genau, gemeinsam wursten! Also laden Sie Ihre Freunde ein und binden Sie die Schürzen um. Bei einem kühlen Bierchen oder einem Gläschen Wein wird dann der Wurstkessel zum Mittelpunkt Ihrer Party.

Gute Wurst hat viele Fans

Kein Platz für alle in Ihrer Küche? Dann treffen Sie sich doch bei mir im Wurst Wide Web! Auf meiner Website www.100-Prozent-Wurst.de gibt es genug Raum für Sie und Ihre Ideen. Profitieren Sie von vielen praxisnahen Tipps und mischen Sie im Forum mit. Möchten Sie wissen, wie Sie Ihrer Landleberwurst den speziellen Pfiff verpassen? Benötigen Sie Krisenmanagement, wenn es gerade heiß hergeht? Oder wünschen Sie sich einen brühwarmen Tipp, welche Wurstsorte sich für ein romantisches Picknick eignet? Online treffen Sie garantiert immer jemanden, der weiterweiß. Mich zum Beispiel. Profitieren Sie von ein paar ganz persönlichen Tricks des Altmeisters. Haben Sie sogar das Zeug zu Deutschlands bestem Hobbywurster? Einfach schnell Ihr Erfolgsrezept hochladen und gespannt die Abstimmung verfolgen. Eine knallharte Jury von Wurstfans wartet nämlich darauf, Ihre Kreationen zu bewerten. Die beliebtesten Rezepte werden in der nächsten Auflage meines Buches veröffentlicht.

Community

Wir sind Wurst!

Behalten Sie Ihre Ideen nicht für sich. Werden Sie interaktiv! Auf meiner Facebook-Seite begegnen Ihnen jede Menge wissens- und wursthungrige Gleichgesinnte, die gespannt auf Ihren Beitrag warten. Sie erreichen hier eine internationale Community und können sich mit ein paar Klicks bequem über Ihr neues Hobby austauschen. Der Fantasie sind dabei keine Grenzen gesetzt. Stellen Sie Fotos vom letzten Wursten ein oder teilen Sie Neuigkeiten aus der Wurstwelt. Loben Sie einfach mal zwischendurch ein anderes Rezept mit dem «Gefällt mir»-Button.

Neue Freunde, die wie Sie mit Genuss bei der Sache sind, warten auf Sie. Wer weiß, vielleicht wird ja die nächste Grillfete gemeinsam gefeiert? Eine Extra-Wurst springt für Sie auch dabei heraus: Wenn Sie Fan meiner Seite werden, verrate ich Ihnen ein exklusives Bonusrezept. Also, nix wie ran an die Wurst!

www.facebook.com/100ProzentWurst

Rezeptregister
Alle Wurst-Spezialitäten auf einen Blick

Blutwürste:

Berliner Fleischwurst	79
Delikatess-Blutwurst	87
Fränkische Bauernblutwurst	82
Gutsblutwurst	88
Guts-Fleischwurst	85
Landrotwurst	88
Norddeutsche Festwurst	81
Pfefferwurst	84
Rheinische Speckwurst	82
Thüringer Rotwurst	80

Leberwürste:

Altmeister-Leberwurst	65
Delikatess-Leberwurst	62
Falsche Trüffelwurst	69
Gutsleberwurst	70
Kalbsleberwurst	67
Landleberwurst	64
Leberfleischwurst	72
Rheinische Leberterrine	74
Sardellen-Leberwurst	73
Trüffelleberwurst	68
Zungenleberwurst	70

Brotaufstriche:

Eifeler Brotaufstrich	141
Fasskaninchen	140
Gepfeffertes Gänschen	138
Griebi-Schmalz	137
Hausgemachtes vom Hähnchen	130
Hausgemachtes von Jan Maat	133
Herzhafter Schweinetopf	139
Knoblauchschmalz	137
Schmalzfleisch	134
Truthahn-Parfait	131

Pasteten:

Altmeister-Traum	124
Feinschmecker-Pâté	121
Kalbfleisch-Pastete	120
Leberpastete	127
Sardellen-Leberpastete	127
Wild-Pastete «Hubertus»	123
Zarter Fleischkäse	118

Grillwürste:

Currywurst	95
Getrüffelte Bratwurst	96
Nürnberger Bratwurst	99
Rheinische Bratwurst	98
Thüringer Rostbratwurst	92
Winzer-Bratwurst	97

Gerichte mit Wurst:

Biergarten-Salat	147
Blaue Zipfel	145
Fleischkäse-Salat	147
Gänseburger	148
Himmel und Ääd	144

Rezeptregister

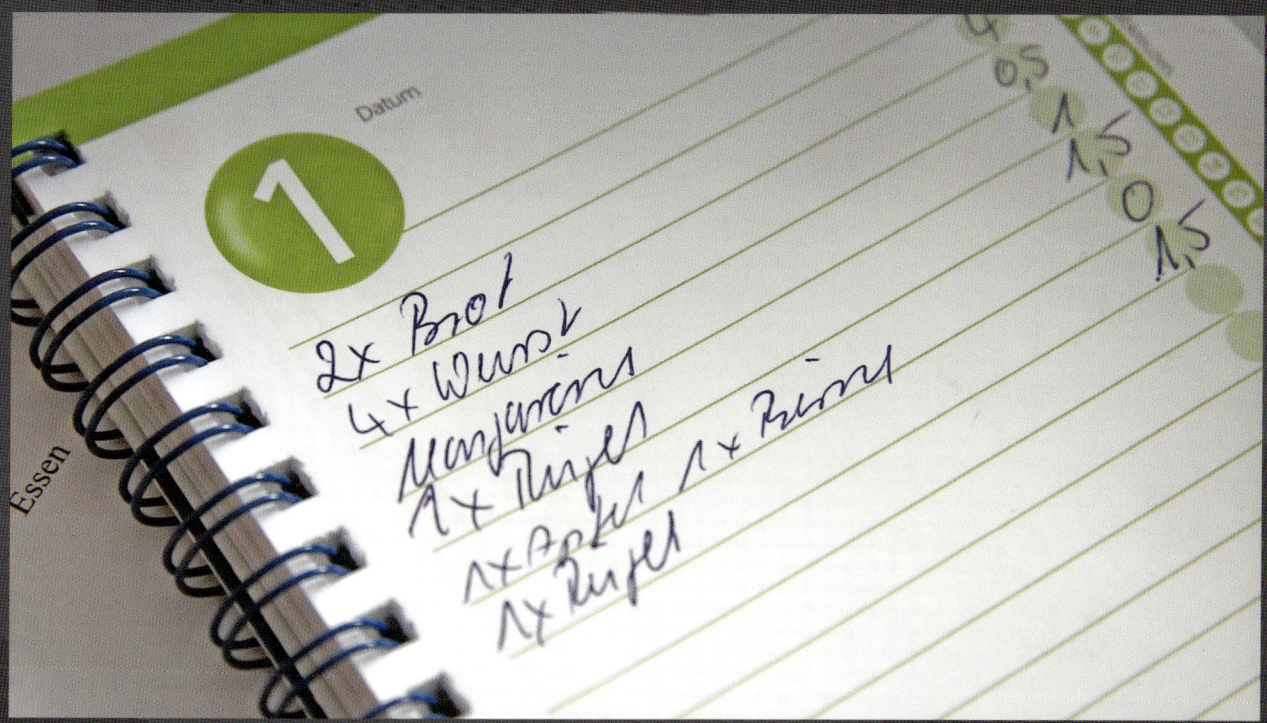

Gekochte Mettwurst und Zwiebelwürste:

Gekochte Bolheimer Mettwurst	100
Gekochte Hamburger Mettwurst	100
Hessische Bauernwurst	103
Zwiebelwurst	102

Sülzen und Schwartenmägen:

Arnolds Sülzwurst	110
Norddeutsche Sülzwurstschüssel	115
Pfälzer Saumagen	109
Rheinische Schüsselsülze	112
Rheinischer Schwartenmagen, grau	106
Rheinischer Schwartenmagen, rot	107
Tellersülze	111

Register
Das Wichtigste zum Nachschlagen

A

Abbinden	44f
Abdrehen	44f
Abfüllen	44,58f
Abfüllgefäße	38,58f
Abgehangen	27
Abschrecken	61,91
Aluminiumfolie	117
Aminosäuren	8
Anchovis	73
Anschnitt	59,76f
Aspik	104f
Aufschneiden	104f
Auslitern	116
Ausmessen Form	116
Austrocknen	116

B

Bakterien	39,90
Bauch	15,18
Befüllen	34,44
Bindekraft	76
Bindung	59,76,105
Bio-Siegel	26
Biss	90,105
Blunzen	87
Blut	76,105
Blutpulver	76,105
Braten	90,109,128
Bratpfanne	37
Brot	79,128,142,145
Brotaufstrich	59,128
Brühen	46,76,90
Brühtemperatur	91
BSE	18

C

Currysoße	95

D

Dampfablassen	117
Därme	35f,38f,44ff,58f
DFD	27
Dunkle Flecken	60
Durchmesser	59

E

Eisen	8f
Eiweiß	8
Essigsud	143

F

Fader Geschmack	61
Fehler	60f,76f,90f,105,117
Fett	9,58,91
Fettaugen	142
Fettgehalt	91
Fisch	23,73
Flecken	39,60
Fleischgabel	37
Fleischwolf	34
Flomen	128
Flönz	87
Fremdgerüche	91
Frischblut	76
Frischfleisch	28,90
Frischware	38,44
Füllhörnchen	35
Füllspiegel	47,116

G

Gänsefleisch	19,138
Garen	46,60f,116
Garkessel	61
Gartemperatur	46,61
Garzeit	46,60
Gefäße	38ff,58f,104,115f
Geflügel	19f
Gelieren	104f
Gelierwirkung	105
Gewürze	44,48ff,58,67,90
Gewürzmühle	37
Gläser	40,47,104
Grillen	59,90
Grüner Kern	60

H

Halbkonserve	38,40
Hals	18
Handfülltrichter	35
Haxen	18
Hitzeeinwirkung	90,105
Holz	59
Hygiene	28,37

I

Innereien	18

K

Kalb	11,13
Kaliber	59